U0687251

银行业市场结构对中国
经济增长的影响研究

范 瑞 著

中国金融出版社

责任编辑：吕　楠
责任校对：孙　蕊
责任印制：陈晓川

图书在版编目（CIP）数据

银行业市场结构对中国经济增长的影响研究／范瑞著．—北京：中国金融
出版社，2022.12
ISBN 978-7-5220-1875-1

Ⅰ.①银…　Ⅱ.①范…　Ⅲ.①银行业—市场结构—影响—中国经济—经
济增长—研究　Ⅳ.①F832②F124.1

中国国家版本馆 CIP 数据核字（2023）第 002594 号

银行业市场结构对中国经济增长的影响研究
YINHANGYE SHICHANG JIEGOU DUI ZHONGGUO JINGJI ZENGZHANG DE YINGXIANG
YANJIU

出版
发行　中国金融出版社

社址　北京市丰台区益泽路 2 号
市场开发部　（010）66024766，63805472，63439533（传真）
网 上 书 店　www.cfph.cn
　　　　　　（010）66024766，63372837（传真）
读者服务部　（010）66070833，62568380
邮编　100071
经销　新华书店
印刷　北京九州迅驰传媒文化有限公司
尺寸　169 毫米×239 毫米
印张　11.25
字数　201 千
版次　2022 年 12 月第 1 版
印次　2022 年 12 月第 1 次印刷
定价　89.00 元
ISBN 978-7-5220-1875-1
如出现印装错误本社负责调换　联系电话(010)63263947

摘　要

　　中国经济的行稳致远亟须银行业市场结构改革的添薪助力。世界正处于百年未有之大变局，世界政治、经济不确定性加大。特别是2008年国际金融危机之后，全球经济增速明显放缓，美、日、欧等主要发达经济体复苏乏力，而作为全球发展"稳定之石"的中国，当前正处于"三期叠加"的攻关期，经济下行压力加大。如何保持中国经济行稳致远既关乎中国稳定，又对全球稳定发展至关重要。掣肘中国经济增长的因素，既有周期性、外部性的因素，也有内部结构性、体制性的因素，但起主导作用的仍然是内部结构性的、体制性的因素，其中银行业市场结构尤为重要。银行业市场结构与实体经济不匹配的直接后果是金融资源配置效率低下，中小企业融资难、融资贵的问题长期无法得到有效缓解，进而抑制经济增长潜能的释放。在理论层面，关于银行业市场结构对经济增长影响的结论尚存争议，其影响机理和作用渠道有待进一步系统梳理。

　　鉴于此，本书将从银行业市场结构的视角客观地剖析驱动经济增长的内在动因和发展逻辑，厘清银行业市场结构对中国经济增长的影响机理和作用渠道，总结一般性发展规律，找到发展中的不足之处，并以此为逻辑起点，对症施策，稳妥地应对百年未有之大变局，更好地实现中国经济又好又快发展，为以银行业市场结构为代表的金融供给侧结构性改革提供有益借鉴。

　　第一，梳理银行业市场结构影响经济增长的现实背景和理论背景，同时结合国内外文献已有的研究成果引申出银行业市场结构影响中国经济增长的研究主题。第二，深入剖析银行业市场结构对中国经济增长的影响机理、作用渠道，以及掣肘银行业市场结构影响经济增长的症结所在。一方面，从理论层面梳理银行业市场结构如何影响中国经济增长，以及通过何种渠道影响中国经济增长；另一方面，从现实层面梳理银行业市场结构影响中国经济增长的现状和存在的问题。第三，根据理论和现实分析中梳理出的问题，采用 2005—2018 年的省际面板数据，综合运用 OLS、固定面板、系统 GMM 和工具变量等多种计量方法对中国银行业市场结构影响经济增长的机理和作用渠道进行实证验证。第四，回顾了美、日银行业市场结构影响经济增长的发展历程，以期为中国银行业市场结构调整提供有益借鉴。第五，归纳全书的结论，并提出优化银行业市场结构助力中国经济增长的政策建议。本书的研究明晰了银行业市场结构影响中国经济增长的作用机理和作用渠道，对中国金融改革和经济增长目标的实现具有重要的理论意义和现实指导价值。

本书的创新之处主要体现在以下三个方面。

第一，通过文献梳理，并结合中国银行业与经济增长的发展实际，揭示了银行业市场结构影响中国经济增长的两种作用渠道。一方面，银行业市场结构直接影响中国经济增长。银行业市场结构内生于经济结构产生，与本国或地区发展阶段、要素禀赋相匹配的银行业市场结构能够有效促进经济增长。另一方面，银行业市场结构通过资本积累和创新渠道间接影响中国经济增长。

第二，本书在银企规模"门当户对"理论假说的基础上，建立了包含异质性企业和异质性银行的数理模型，揭示了中小银行市场份额提升能够有效促进中国经济增长的作用机理。由金融供给能力和金融供给意愿的差异决定了大银行和中小银行服务大企业和中小企业各具比较优势。改革开放初期，大型国有企业在国民经济中占主导地位，与之相匹配的是四大银行占主导的银行业市场结构；随着中小民营企业在国民经济中的地位日益突出，提高中小银行市场份额是实现银企"门当户对"、优化金融资源配置和促进经济增长的有效途径。

第三，通过历史分析法梳理了中国银行体系变迁和中国经济增长的发展历程，并综合运用系统 GMM 估计、工具变量法和调节路径法等多种方法，揭示了银行业市场结构影响中国经济增长的时空异质性。关于银行业市场结构影响中国经济增长的分析，一方面，综合考虑了不同区域经济增长水平的差异，以及东部地区和中西部地区在地理区位、自然资源、营商环境、改革开放以来"梯度推移"战略的实施等方面禀赋差异明显，经济发展水平较高地区和东部地区的银行业市场结构调整能产生更大的经济增长效应。另一方面，考虑了 2008 年国际金融危机这一外部冲击，金融危机后，拉动经济增长的传统"三驾马车"动能渐退，而在中国经济转型中，中小企业在释放潜在生产力方面依旧可以大有作为，增加中小银行数量并提高其市场份额能够有效缓解中小企业融资约束和释放更多的金融改革红利，进而助推中国经济行稳致远。

关键词：银行业市场结构；经济增长；影响机理；作用渠道；调节路径法

目　　录

第1章 导 论

1.1 研究背景和研究意义

1.1.1 研究背景

中国的发展离不开世界，世界的发展也需要中国。世界正处于百年未有之大变局，世界政治、经济不确定性加大。2008 年国际金融危机之后，全球经济增速放缓，2015—2019 年经济增速徘徊于 2.80%～3.81%，主要发达经济体经济下行压力增大。同期美国、日本和欧盟的经济增速徘徊于 0.3%～3.1%，同时"黑天鹅"事件频发，国际间贸易摩擦剑拔弩张，如何保持全球经济稳定增长已成为世界难题。反观中国，自 2010 年一跃成为世界第二大经济体后，与第一大经济体美国的经济差距不断缩小，2015—2019 年中国国内生产总值（GDP）增速稳定在 6.11%～7.04%①，2019 年中国 GDP 为 14.36 万亿美元，对全球经济增长贡献率高达 30%，远高于美国的 18%，制造业和出口贸易位居全球第一，中国经济的发展事关全球经济的稳定。中国作为全球发展最大的稳定力量，中国经济的稳定发展必定发挥全球治理中"稳定之石"的作用。

改革开放以来，中国经济持续 40 多年的高速增长离不开金融业的有力支撑。金融业增速急剧攀升，M2/GDP 从 1985 年的 57.14%上涨到 2019 年的 200.48%，金融业增加值从 1978 年的 76.5 亿元跃升至 2019 年的 77 077 亿元，其在 GDP 中的比重由 1978 年的 2.08%增长到 2019 年的 7.78%，金融产品日益丰富，金融普惠性明显增强。金融业的快速发展，离不开银行业的大力支持。银行业金融机构总资产从 2003 年的 276 583.8 亿元攀升至 2019 年的 2 900 025 亿元，总负债由 2003 年的 265 944.7 亿元上涨至 2019

---

① 中国、美国、欧盟和全球经济增速的数据都是以不变价计算的 GDP 增速。

年的 2 655 363 亿元，17 年间银行业金融机构总资产和总负债均翻了 10 番有余。随着资本市场的快速发展，银行业金融机构在社会融资规模中的比重呈波动下降的趋势，但依旧是中国金融市场的主导力量。根据中国人民银行最新数据统计，2019 年的人民币贷款增加 16.88 万亿元，在同期社会融资规模中的占比仍高达 65.99%。

作为全球发展"稳定之石"的中国，经济增长虽然取得了不俗的成绩，但当前正处于"三期叠加"的攻关期，经济下行压力加大，GDP 增速由金融危机前的两位数增长下降为当前的个位数增长。面对如此复杂的国内外形势，很多人提出了这样的疑问，世界将何去何从？中国该如何应对？党中央提出了"稳中求进"的新策略，如何实现中国之"稳"？习近平总书记指出，金融活，经济活；金融稳，经济稳。要构建多层次、广覆盖、有差异的银行体系，积极开发个性化、差异化、定制化金融产品，增加中小金融机构数量和业务比重。因此，中国之"稳"的关键在于经济之"稳"，经济之"稳"的关键又在于金融之"稳"。在中国，银行业主导着金融市场，要想实现金融稳，必须注重银行业的可持续发展。

在实践层面，掣肘中国经济增长的因素，既有周期性、外部性的因素，也有内部结构性、体制性的因素，但起主导作用的仍然是内部结构性的、体制性的因素。而在内部的诸多结构性因素中，尤为重要的是银行业市场结构。银行业市场结构与经济增长存在着全息对应关系。从宏观角度来看，银行业市场结构是经济结构的镜像，与经济结构相匹配的银行业市场结构能够最大限度地释放经济增长潜能、促进经济增长（林毅夫和孙希芳，2008）；从微观角度看，银行业市场结构又是企业资金流动的缩影，与各类企业融资需求相匹配的银行业市场结构能够有效地缓解融资约束、促进经济增长（张璇等，2019）。

中国经济现已由高速度增长转变为高质量增长，但是中国金融业的市场结构、经营理念、创新能力、服务水平还不适应经济高质量发展的要求，诸多矛盾和问题仍然突出。银行业金融机构多分布于经济较发达的城镇地区和东部沿海地区，农村地区和中西部地区分布较少；大中小各类银行"垒大户"现象严重，产品单一且同质化严重；与国有大型商业银行相比，中小型银行的金融机构数量明显不足、市场占有率有待进一步提升。长期以来，中小企业在国民经济发展中贡献突出，在"六稳"方面作用突出①。中小企业数量占全国企业总数的 99%，创造的价值相当于国内生产总值的 60% 左右，创造了 50% 以上的税收、75% 以上的技术创新和 80% 以上的新产品，但融资难、融资贵的问题尚未得到有效缓解，其症结在于不合理的银行业市场结构。与中小企业金融需求相匹配的中小银行数量和市场占有率还有很大提升空间。根据中国银行保险监督管理委员会（简称中国银保监会）最新数据统计，截至 2019 年年底，以股份制商业银行、城市商业银行和农村商业银行为代表的中小银行总资产在银行业金融机构总资产中的占比仅为 43.54%，其总负债占比为 43.84%，而六家国有大型商业银行的总资产和总负债占比分别高达 40.27% 和 40.35%。鉴于此，当前的银行业市场结构很难满足实体经济个性化和差异化的融资需求，合理调整银行业市场结构以促进中国经济行稳致远，探究银行业市场结构对经济增长影响的具体机理已迫在眉睫。

在理论层面，已有的关于银行业市场结构对经济增长影响的结论尚存争议，在产业组织视角和银行业规模视角下讨论居多。产业组织视角下关于银行业市场结构对经济增长影响争论的焦点在于，到底是竞争型银行业市场结构能促进经济增长，还是垄断型银行业市场结构能促进经济增长。而银行规模视角下关于银行业市场结构对经济增长影响争论的焦点在于银企规模"门当户对"能否促进经济增长。以林毅夫和姜烨等为代表的新结构经济学派在借鉴 Berger 等（2005）关于银企规模信息搜集相匹配分析的基础上，探究中国银行业市场结构与经济增长的关系。针对当前中国劳动密集型中小企业在国民经济各方面作用突出的要素禀赋结构，大力发展中小银行、增加中小银行占比是实现经济增长目标的有效途径。还有学者对中国银企匹配促进经济增长的观点提出了质疑，他们分别通过理论和实证分析发现，中国银企"门当户对"的关系并不存在。学术界关于银行业市场结构对经济增长影响的结论尚未统一，那么为本书继续探究二者的关系留下了充足的空间。本书将在已有研究的基础上展开深入剖析，一方面，为何种银行业市场结构更有利于中国经济增长找到答案；另一方面，找到银行业市场结构影响经济增长过程中存在的问题和症结所在，为下一步银行业市场结构改革提供理论依据。

银行业市场结构与实体经济不匹配的直接后果是金融资源配置效率低下，进而抑制经济增长潜能的释放。当前银行业内部存在的资金空转、产品

---

① "六稳"是指稳就业、稳金融、稳外贸、稳外资、稳投资、稳预期。

高度同质化、银行内部考核激励不当、信贷资源配置所有制歧视，以及产能过剩风险暴露、资产结构不合理、企业创新动力不足等结构性问题多是由银行业集中度过高、银行业竞争程度不高所致。另外，根据 Hsieh 和 Klenow（2009）的测算，囿于中国资源配置效率的低下，制造业潜在 TFP 损失 30%～50%，要素市场的扭曲带来的制造业潜在 TFP 损失竟高达 86.6%～115%。鉴于此，继续深化结构性改革、合理调整银行业市场结构以更好地满足实体经济的金融需求、促进经济增长已迫在眉睫。因此，关于银行业市场结构与中国经济增长的讨论重要性不言而喻。

习近平总书记在 2019 年 2 月 22 日中央政治局关于"完善金融服务、防范金融风险"的集体学习中特别指出，正确把握金融本质，深化金融供给侧结构性改革，增强金融服务实体经济能力，推动我国金融业健康发展。作为竞争性服务业，中国的银行业市场结构属于哪种类型？银行业市场结构通过何种渠道影响中国经济增长？通过哪些措施能够实现银行业市场结构与经济增长的匹配？

改革开放 40 余年，中国经济突飞猛进，取得了不俗的成绩，国内生产总值已在 2010 年跃居世界第二位，在当前银行业主导下的金融市场，银行业发展对经济增长的作用仍然至关重要。本书将综合应用产业组织学、金融学和西方经济学的相关理论成果，从银行业市场结构的视角客观地剖析改革开放以来驱动中国经济增长的内在动因和发展逻辑，总结一般性发展规律，找到发展中的不足之处，并以此为逻辑起点，对症施策，稳妥地应对百年未有之大变局，更好地实现中国经济又好、又快发展，为以银行业市场结构为代表的金融供给侧结构性改革提供有益借鉴。

1.1.2　研究意义

改革开放以来中国经济社会发展，既取得了骄人成就，同时也存在结构性问题。通过对改革开放 40 余年来中国银行业市场结构与经济增长关系规律的总结和归纳，明确其影响机理和作用渠道，并试图探索优化中国银行业市场结构路径以促进经济行稳致远，兼具重要的理论意义和现实意义。

理论意义在于以下两点，第一，拓展了金融发展理论在中国的适用范围。金融发展理论的核心在于探究金融与经济增长的关系，现有的金融发展理论已非常丰富，金融深化论、金融抑制论和内生金融增长等理论的形成为研究金融与经济增长的关系奠定了基础，但现有研究多集中于宏观层面与微观层面的讨论，中观层面的银行业市场结构虽有提及，但关于银行业市场结构影响经济增长的渠道和作用机理尚未达成一致。因此本书结合中国银行业市场结构影响经济增长的实际，系统论证银行业市场结构对经济增长的影响机理与作用渠道，能够丰富金融发展中观层面的相关理论成果。第二，丰富了规模结构视角下银行业市场结构影响经济增长的理论成果。现有文献关于中国银行业市场结构对经济增长影响的讨论主要以信息不对称的视角展开讨论，但忽略了中国银行业金融机构存在明显的产权差异、资金成本和对企业信任的差异。因此，本书在不同银行规模信息搜集比较优势论述的基础上，结合中国不同银行产权差异、资金成本和银行对企业信任的差异，以及中小企业在中国国民经济中的突出贡献，发现增加中小银行数量并提高其市场份额是实现中国经济行稳致远的重要途径。研究探讨银企要"门当户对"的同时，还需要引导中小银行业务回归本源，聚焦主责主业，重点支持本地经济尤其是中小企业的发展，实现金融与实体经济的共生共荣。

实践意义在于以下四点，第一，银行业市场结构的合理调整关乎银行业市场的稳定和健康发展。银行业市场的内部结构既影响银行规模经济、范围经济优势和竞争活力的发挥，也影响银行业的整体发展。第二，银行业市场结构的优化促进了银行业体制和金融体制的完善。从银行业市场结构的变迁来说，银行业市场结构是银行体系中以银行产品和银行机构为基础的各金融要素的有机结合。中国银行业市场结构由"大一统"的格局发展到当前大型商业银行、股份制商业银行和城市商业银行等多种商业银行共同竞争的格局，银行业市场从小到大，银行业产品日益丰富，银行业机构发行和拥有的金融资产规模和占比迅速扩大，银行业市场结构也随之发展变化。银行业机构间竞争越发激烈，银行体系的金融资源配置效率大幅提高，推动了金融发展水平的整体提高和金融制度由无序向有序迈进、由低级走向高级。第三，探究中国银行业市场结构与经济增长的关系是金融供给侧结构性改革的内在要求。从中国发展的实践来看，当前金融供给侧结构性改革面临改什么、怎么改革等重大问题，迫切需要顶层设计，保证实施效果。我国当前经济增长正处于"三期叠加"的攻关期，金融作为现代经济的血液，在当前银行业主导的金融体系下，近年来金融业"脱实向虚"和资金"空转"现象严重，厘清银行业市场结构对经济增长的作用机理，结合中国银行业市场结构发展的实际，找出其服务实体经济的不足之处，并有针对性地提出解决之策，为金融供给侧结构性改革提供有益借鉴。第四，促进金融回归服务实体经济本源，对实现实体经济和金融业的协同发展具有重要意义。当前金融业与实体经济发展极不平衡，尤其是在 2008 年国际金融危机以后，实体经济增速明显放缓，但与之形成鲜明对比的是，金融业的发展却逆势而上，资产规模、产业增加值和利润在 GDP 中的贡献呈现出上升的趋势，虽然这可能与 2008 年国际金融危机后为防止经济硬着陆而出台的宽松货币政策有关，但是不合理的金融业结构，尤其是不合理的银行业市场结构导致金融业的过分发展挤压了实体经济的发展空间，不利于金融与实体经济共容与可持续发展。因此探究改革开放以来影响中国银行业市场结构变迁的影响因素，同时深入探究其影响效应，最终对症下药，逐步破解造成当前不合理银行业市场结构的体制机制，对于金融业回归本源，实现实体经济和现代金融的协同发展具有重要的理论和现实意义。

1.2　国内外文献综述

1.2.1　关于银行业市场结构的研究

1. 不同视角下银行业市场结构的相关研究

关于银行业市场结构的相关研究主要从产业组织视角与银行规模视角展开讨论，产业组织理论最早对市场结构的相关概念进行阐述。

产业组织视角下的银行业市场结构研究主要基于 Bain（1951）提出的 SCP 理论，即验证"银行业市场结构—银行行为—银行绩效"之间的关系。产业组织视角下的银行业市场结构主要是指银行业市场集中度和竞争度，其研究的重点主要围绕银行业市场集中度或竞争度对银行绩效的影响展开论述。

市场结构，微观经济学将其定义为构成市场诸要素之间的相互联系及特征。按照产品的差异程度、厂商数量的多少以及厂商之间的竞争程度将市场结构划分为完全竞争、垄断性竞争、寡头垄断和垄断市场四种市场类型。在此基础上，齐美东（2008）将银行业市场结构的内涵进一步概括为两个方面，一方面是指狭义的银行业市场结构，即某一产业内企业之间的垄断和竞争的关系，体现了供给企业的垄断和竞争程度；另一方面则是指广义的市场结构，其内涵更丰富，不仅仅包括企业之间的竞争程度，还包括商品结构、所有制结构和企业网点布局结构等多个方面，该文重点关注狭义的银行业市场结构。王颖捷（2004）将市场结构内涵概括为构成市场的卖方企业之间、买方之间以及买卖双方之间诸要素之间关系的因素和特征。按照此定义，银行业市场结构是决定银行业竞争性质的重要方面，而银行的市场行为则是为了保持现有的市场份额或者获得更大的市场占有率而采取的一系列竞争行动。企业的行为一般囊括两个方面：价格行为和非价格行为。何韧（2005）从产业组织的角度对银行业市场结构的内涵进行界定，具体是指银行业市场中银行的数量、银行所占的市场份额、银行规模之间的关系，并在此基础上形成的竞争方式。

杨大光（2004）分析了1978—2004年中国银行业市场结构的变迁，认为该时段中国银行业存在一定程度的垄断，对银行业垄断的定义、银行业垄断的分类和银行业垄断的判别标准三方面分别进行了详细的阐述。银行业垄断的实质在于少数几家大银行限制竞争，垄断范围既包括空间范围的垄断，同时也包括了业务范围的垄断，当时囿于国内经济发展的实际，四大商业银行垄断的目的并不在于垄断利润最大化，而在于满足国有企业的融资需求。银行业垄断的甄别标准可概括为三个方面：第一，囊括市场进出壁垒、市场集中度和银行数目三方面的行业结构标准；第二，包括价格水平、垄断利润、产品产别和资源利用效率四方面的银行业绩效标准；第三，通过"理性原则"和"本身违法原则"判别的行为标准。

国外学者 Berger 等（2005）开始关注银行的规模结构，即大银行与中小银行在服务大企业与中小企业存在显著的差异。在此基础上，国内学者林毅夫和孙希芳（2008）强调银行业规模结构在当前中国经济增长中的重要性，鉴于劳动密集型中小企业在中国经济发展中的重要作用，他们将银行业规模结构界定为中小银行的市场份额。通过1985—2002年的省际面板数据发现，中小银行市场份额的提升促进了中国经济增长。

鉴于中小企业在我国经济快速发展中的主导作用，当前与之相匹配的银行业市场结构应该以中小银行为主体。彭欢和雷震（2011）对银行业市场结构内涵的界定，既囊括了产业组织理论视角下银行业市场结构内涵，又借鉴了林毅夫和孙希芳（2008）关于银行业规模结构的界定。两个维度的界定丰富了银行业市场结构的内涵，使其既有重要的理论意义，同时两种方法度量的银行业市场结构对于破解我国当前中小企业融资难、融资贵的问题也具有重要的现实意义。

除了产业组织与规模视角，安世友（2015）认为，银行业市场结构既包括银行业市场，又包括银行业金融机构。他将中国银行业市场结构演变的特征归纳为六点：演进的过程趋缓；银行业市场结构变化刚性明显；政府主导了银行业市场结构的演变历程；信息的非对称是影响银行业市场结构的重要因素；利率制度也是重要的影响因素之一；金融工具的同质化和单一化现象明显。

孙妍（2011）从产业组织、交易成本和制度经济学三种视角对劳动力市场结构的概念进行了界定，即产业组织视角下的竞争结构，交易成本视角下由市场、组织间协调和企业构成的市场治理结构，以及制度经济学视角下由内在、外在制度合力决定的层次结构。孙妍虽然重点研究了劳动力市场的竞争结构，但也在文中引入了市场治理结构和层次结构，这些理论的引入拓展了产业组织理论中关于市场结构的研究内涵，其中关于层次结构的介绍有机结合了中国劳动力市场发展的实际，对于中国银行业市场结构的研究具有重要的借鉴意义。我国的基本经济制度是以公有制为主体、多种所有制共同发展，而且我国是典型的城乡二元经济结构，再加上改革开放以来实施的"梯度推移"战略，这些都使银行业市场逐渐分化为诸多层次，呈现出形式各异的层次结构。银行业市场的城乡二元分割，东部、中部、西部区域分割和国有大型商业银行、股份制商业银行、民营银行等所有制分割等现象都体现了银行业市场的层次结构。

综上所述，部分学者从产业组织的角度对银行业市场结构进行研究，新结构经济学则结合中国经济发展的实际强调银行业规模结构的重要性，单一角度对银行业市场结构的界定及分析结论难免有失偏颇。鉴于此，本书关于银行业市场结构的研究既借鉴产业组织的相关理论，又结合中国银行业市场发展的实际，银行业市场结构应该具有两层含义。第一层含义是指银行业市场组织结构，即完全垄断、完全竞争、寡头垄断抑或是垄断竞争，进出壁垒以及产品的差异程度；第二层含义是指银行业市场规模结构，即大银行和中小银行的市场份额。

2. 关于银行业市场结构度量的相关研究

鉴于分析角度的不同，银行业市场结构度量方法的分类也各不相同。国内外已有文献中度量市场结构的方法可概括为三大类，即绝对法和相对法，结构法和非结构法，以及指数法。

第一类度量方法为绝对法和相对法。绝对法主要有银行业市场集中度、汉纳-凯指数（HKI指数）和中小银行市场份额。银行业市场集中度是前四大银行资产、贷款或存款等在全部银行业市场中所占的比重，而中小银行市场份额是指除四大银行外的其他银行的贷款余额占所有银行贷款余额的比重。因此，银行业市场集中度与银行业规模结构本质是相同的，只是侧重点不同。相对法主要有基尼系数、洛伦兹曲线和赫芬达尔指数三种。两类方法进行比较，绝对法侧重于反映某一行业少数几家大企业的集中程度，而忽视了行业内其他企业对市场份额的贡献。而相对法则恰恰相反，反映了行业内所有企业对市场份额的贡献，但忽视了规模最大的少数几家领先企业的集中程度。马建堂（1993）为了更科学地度量市场结构，以便将绝对法和相对法各自的优势充分结合，引入了"平均份额"和"集中系数"两个指标，两个指标客观地反映了特定行业内企业数量的影响和不同企业间的规模差异。按照此方法对 1990 年工业行业的市场结构进行测度，划分为四类，即行业集中度高、企业规模差异小的行业；行业集中度高、企业规模差异大的行业；行业集中度低、企业规模差异小的行业；行业集中度低、企业规模差异大的行业。

第二类度量方法为结构法和非结构法。结构法主要有以下三种：市场集中度、赫芬达尔指数和勒纳指数。非结构法认为即使是高集中度的市场，只要放松管制，也可以成为充满竞争力的市场。非结构法主要有 Iwata 模型、PR 模型和 BL 模型三种。因为 Iwata 模型在实际使用中通常无法满足其条件，所以被广泛使用的模型是 PR 模型和 BL 模型，这两个模型是通过估计竞争价格的背离程度来度量行业内厂商的竞争行为。BL 模型通过构建联立方程来求解用于竞争的参数，即企业可观测的平均边际收入偏离需求的程度，从而反映出被检测样本所包含的市场势力。PR 模型通过收益对各种投入要素价格总弹性的 H 指数来衡量市场支配力，即市场结构和竞争程度。

第三类度量方法为指数法，即通过编制指数来进行度量。例如，于良春（2011）在制度—结构—行为—绩效（ISCP）框架内，通过专家测评和主成分分析相结合的方法来测度地区行政性垄断的程度。该方法能够较为全面地测度银行业市场结构，但是计算过程相对烦琐，同时短期内无法汇聚相关的专家进行打分，因此，通过编制指数的方法对于普通研究者来说可操作性不高。

综合来看，三类方法对于银行业市场结构各有侧重，不能因为肯定某一类方法的优势而忽视其存在的不足。结合本书的研究实际和研究视角，本书将从产业组织视角和规模视角来度量银行业市场结构。产业组织视角下的银行业市场结构主要通过市场集中度和赫芬达尔指数进行度量，而规模视角下的银行业市场结构主要采用中小银行市场份额进行度量。

3. 关于最优银行业市场结构的相关研究

关于银行业市场结构的相关研究，一方面，要明确其内涵是什么，如何度量；另一方面，要知道到底什么样的银行业市场结构是合理的、最优的。关于银行业市场结构合理与否的标准，现有的国内外文献主要从要素禀赋结构、金融功能、政府效用最大化以及银行绩效四个角度展开讨论。

第一，部分学者认为最优金融结构或最优银行业市场结构是由本地区的要素禀赋结构特点决定的。一国（地区）的要素禀赋结构特点决定了产业结构的发展方向，产业结构进而决定了特定的金融结构，因此，与当地要素禀赋结构特点和金融需求相匹配的金融结构就是最优的金融结构。当前中国的金融体系依旧是银行主导型，因此探讨中国最优的金融结构，在一定程度上就是探讨最优的银行内部结构——银行业市场结构。在这种理论指导下，诸多学者讨论了银行业市场结构对经济增长的影响，一些学者通过跨国面板数据进行了经验分析，与该国产业结构、技术水平相适应的金融结构就是最优的金融结构；还有一些学者，通过中国省际面板数据分析发现，与要素禀赋结构特点、产业结构相适应的金融结构就是最优的，具体到银行业市场结构，鉴于当前中国劳动力要素丰裕的特点，中小劳动密集型企业是当前国民经济的主体，与之相匹配的银行业市场结构是中小银行市场份额占比较高的银行业市场。

第二，还有学者则认为金融结构的金融功能是否充分发挥作用是金融结构和银行业市场结构合理与否的判断标准。早期学者关于最优金融结构的争论围绕市场主导型金融结构占优，抑或银行主导型金融结构占优展开讨论，Demirguc-Kunt 等（2011）是该理论的典型代表，他们从金融功能的角度展开论述，认为随着经济的发展，市场主导型金融结构比银行主导型金融结构在金融资源配置、风险分散以及储蓄动员等方面更具优势。国内学者李健和贾玉革（2005）也从金融功能、金融要素和金融效率三方面构建了评价金融结构合理与否的指标体系，该指标体系一方面能体现金融结构合理与否的表面特征，另一方面也能反映其金融结构合理与否的本质。周凡（2019）则通过中国地市层面的数据从信贷供给的视角证明了银行业市场最优结构的存在性，银行业市场结构存在最优门槛值，在达到银行竞争的门槛值之前，随着银行业市场竞争程度的提升，银行信贷增加、地区经济快速增长，而在达到银行竞争的门槛值之后，随着银行业市场竞争程度的提升，银行信贷锐减、地区经济增长缓慢。张烁珣和独旭（2019）通过微观企业数据验证了银行业市场结构在提高企业融资可得性和降低融资成本等方面的关键作用。盛天翔和范从来（2020）通过中国省际面板数据分析发现，银行业市场集中度与小微企业信贷可得性存在非线性的倒 U 形关系，证明了中国最优银行业市场结构的存在性。宿伟健和赵婧（2019）的研究为银行业市场结构改革支持产业结构调整提供了经验证据。

第三，部分学者用政府效用最大化和社会福利最大化的标准来评价金融结构、银行业市场结构的合理程度。赵金洁（2016）认为，银行业市场结构调整的目标为政府效用最大化，同时要受到政府调整企业融资状况、银行绩效和风险三方面成本的制约。开放银行业市场、完善产权结构以及调整相关产业政策，有利于政府效用最大化目标的实现。张成思和刘贯春（2016）以金融监管为分析起点，认为最优金融结构的评价标准应该是社会福利最大化，并通过 2004—2012 年的跨国面板数据进行验证，与此同时，最优金融结构的讨论还需要结合本地区的发展阶段而综合评价。张杰（2011）则从制度金融学的视角考察了中国银行业的变迁历程，国有银行分支机构扩张与收缩的标准在于国家控制国有银行的货币化收益和货币化成本相对多寡，当国家控制国有银行的货币化收益超过货币化成本时，国有银行的分支机构呈扩张的趋势，而当国家控制国有银行的货币化成本超过货币化收益的净值达到最大时，国有银行分支机构呈收缩的趋势，而非国有银行分支结构则呈扩张的趋势。徐璐等通过理论建模研究发现，银行业市场竞争政策的强化，既有利于交易成本的降低，又能降低各类银行的贷款利率及风险水平，特别是在中国银行业市场竞争机制尚不健全的情况下，银行业市场竞争的增强是助力国有银行政策负担减轻、社会福利提升的有效途径。

第四，早期产业组织视角下银行业市场结构评价的标准在于银行自身微观绩效能否实现最大化。早期产业组织视角下关于银行业市场结构的讨论，主要是在 SCP 分析范式下展开讨论，即银行业市场结构合理与否的最终评价标准落脚于银行微观绩效的优劣。Dewatripont 和 Maskin（1995）、Black 和 Strahan（2002）从理论与实证的角度对 SCP 假说进行验证，研究发现，竞争型银行业市场结构有利于银行绩效的提升。封思贤和郭仁静（2019）通过中国商业银行的微观数据研究发现，在考虑数字金融快速发展的前提下，银行业市场竞争程度的提升能够助推利润效率的增加，但对成本效率却产生抑制作用。

综合以上四种银行业市场结构评价的标准不难发现，当前银行业市场结构评价的标准各有侧重，不能对四种标准做出绝对肯定或绝对否定的评价，要吸收各种合理的成分，规避其评价过程中的不合理成分。要素禀赋视角下银行业市场结构的评判认为银行业市场结构是内生于实体经济而产生的，而金融功能视角下银行业市场结构的评价在于金融功能能否有效充分发挥，这两种评价标准对于评价当前银行业市场合理与否具有重要的借鉴意义，因此，中国银行业市场结构的研究要兼顾两种理论。政府效用最大化或者社会福利最大化的评价标准对于当前银行业市场结构的判断有一定借鉴意义，但是在当前国际经济环境复杂多变、国内经济下行压力加大的背景下，如何实现中国经济行稳致远才是关键。SCP 分析范式下的评价标准仅局限于银行自身绩效，对于当前中国银行业市场结构调整的借鉴意义较小，因为多年来由于国家对金融业的严格准入限制，以及实际利率市场化尚未完全实现，银行业早已获利颇丰，因此，2020 年国家出台相关政策使得银行为实体企业让利。此外，也有学者研究发现，中国当前金融业，尤其是银行业存在超发展之嫌，所以银行业微观绩效标准不适合作为银行业市场结构合理与否的评价标准。

1.2.2 关于经济增长的研究

经济增长的本质在于全社会总产量的增加。早期经济学家将经济增长的源泉归结于资本和劳动要素数量的增长。随着科学研究的不断深入，现代经济学家发现可以通过创新或技术进步来进一步解释经济增长的动因。近年来，随着经济社会实践的不断发展，经济学者对现实实践进行经验总结，其中企业家精神和制度等要素在经济增长中的贡献越来越凸显。结合本书关于银行业市场结构影响经济增长的研究主题，本书重点梳理了资本和创新对于经济增长的影响。

1. 资本积累对经济增长的影响

早期的发展经济学家认为经济增长主要决定于资本积累的多寡及快慢程度，这是由发展中经济体的要素禀赋决定的。第二次世界大战结束后，许多发展中经济体逐步摆脱了过去的殖民统治并建立了独立国家，摆在很多发展中经济体的首要问题就是如何实现本国（地区）的经济增长。很多发展中经济体劳动力要素数量丰裕且廉价，而资本存量捉襟见肘，因此发展经济学在 20 世纪 50 年代兴起时重点关注资本积累在经济增长中的作用。中国作为最大的发展中经济体，经济发展得到诸多学者关注。Chow 根据中国官方公布的数据，估算了 1952—1985 年农业、工业、建筑业、交通运输业和商业五部门经济增长中资本积累的贡献，该时间段经济平均增长率为 6%，其中 4.5% 的增长率归因于资本和土地 7.6% 的年均增长率；在此期间，经济整体的生产率和五部门的生产率下降明显，而 20 世纪 80 年代的经济改革显著提升了经济整体和部门的生产率，改革开放之后五部门的资本回报率也得到极大提升。

改革开放以后，西方发展经济学引入国内，国内学者在西方经济学和国外学者研究成果的基础上探究中国经济增长的源泉。改革开放初期，中国的劳动要素相对丰裕，而资本要素相对短缺。20 世纪 90 年代中期到 90 年代末，中国经济总量增长，但增长速率持续放缓，张军对此问题进行了深入剖析，究其根本在于资本积累的低效率，而资本积累的低效率由低效率的金融体系造成。当时中国的资本市场刚刚起步，其金融支持作用有限，因此银行业市场的低效是金融低效的根本原因。如果将样本期间延长，资本积累是否依旧主导中国经济增长有待进一步验证。许宪春等（2020）通过 1985—2015 年 37 个行业数据找到中国经济增长的动能所在，研究发现，资本积累在中国经济增长中贡献依旧最大，贡献率高达 67%，因此资本积累在经济增长中的作用不容忽视。程名望等（2019）将中国经济增长的研究周期进一步延长，考察了自 1978 年改革开放以来经济增长的影响因素，截至 2015 年，31 个省份经济增长的贡献主要来源于资本积累，贡献率高达 34.86%，长周期经济增长的考察为中国经济增长找到更有力的证据。尽管改革开放 40 多年中国经济增长卓有成效，但区域差异显著，盛来运等（2018）和刘贯春等（2019）对此问题进行了详细解答。盛来运等（2018）通过对 2012—2017 年的省际面板数据分析发现，南方和北方省份经济差异的主要原因在于两个区域资本积累的不同，由于南方资本积累较快实现了经济快速增长，而北方资本积累较慢导致经济增速缓慢，该结论对于国家制定缩小南北经济差距的相关政策建议具有很好的借鉴意义。此文的缺陷之一是样本时间较短，对于短期政策制定具有参考，但是对于长期国家政策的制定参考价值有限。刘贯春等（2019）将中国经济增长差异的样本期间延展到 1993—2015 年，省际面板数据的使用对于探究地区经济差异来说非常理想，研究佐证了资本积累的差异是地区经济增长差异的源头。无论是对中国经济增长的短期考察，还是对中国经济增长的长期分析，抑或是对地区经济的长、短期差异性原因的剖析，资本积累作用凸显。改革开放以来的经济增长离不开资本积累，那么对于当前处于转型关键期的中国来说，资本积累同样必不可少，而且在当前银行主导的金融体系下，各类银行，尤其是商业银行在资本积累中发挥的重要作用不言而喻。资本积累的关键在于银行对储蓄形成以及储蓄向投资转化中的金融功能的充分发挥，而金融功能的实现依赖于金融结构合理调整，即银行业市场结构的内部调整。

2. 创新对经济增长的影响

创新是经济增长的第一动力。从经济发展实践和相关理论中得到启示，在经济发展初期，依靠劳动和资本等要素可以实现经济快速增长，但这种粗放式的发展模式并不可持续。过去劳动要素丰裕、价格低廉的地区会被更低廉劳动力成本的新区域所代替，与此同时，随着信息与通信技术（ICT）普及率的不断提升，人工智能进一步降低了劳动力成本。随着发展中经济体的不断发展，资本积累的物质来源也更加丰富，居民、政府和企业等各类经济主体有了更多的经济剩余，积累渠道也将更加多元化，本国经济发展既可以利用国内经济主体的剩余，也可以利用国外部门的经济剩余来支持。创新势必成为实现经济快速增长的关键，美、日、欧等早期工业化国家（地区）通过三次工业革命，促进了各类创新的突飞猛进，而发展中经济体由于长期受到早期工业化国家的殖民统治，第二次世界大战之前主要是其宗主国的原料供应地，创新发展进展缓慢。第二次世界大战后，发展中经济体逐渐摆脱了其宗主国的殖民统治，走上了经济赶超的道路，虽然创新能力得到极大提升，但是发展中经济体教育水平较低、廉价劳动力无法有效转化为人力资本，再加上发达经济体对发展中经济体关键技术的封锁，多种因素叠加拉大了发达经济体与发展中经济体在创新能力和创新水平上的差距，进而造成不同国家经济增长差异显著。

熊彼特（1990）认为，经济发展的核心集中体现在创新方面，而创新实现的关键在于金融发展程度。对于处于经济增长初期的经济体来说，其主要的融资渠道来源于银行，因此银行信用对于促进创新和提升经济增长的作用突出。

在创新理论的指导下，中国实施了"科教兴国"战略，加大对创新研发的支持力度和教育的资金投入，中国整体创新实力不断提升，经济增长颇有成效，国内诸多学者纷纷对此问题进行研究和分析。早期学者如易纲等（2003）对中国经济能否可持续增长给出了明确解答，对处于经济刚刚起步的中国经济来说，其创新主要是以技术引进为主、国内研发为辅，叠加中国后发优势，为中国经济增长贡献颇多，但是随着中国技术引进和自身技术研发实力的提升，保护知识产权对于激发各类市场主体提升创新能力至关重要。

程名望等（2019）和许宪春等（2020）分别通过省际面板数据和行业面板数据验证了中国经济增长的主要动能，创新在省级经济增长中的长期贡献率达到 22.03%，而创新在行业经济增长中的贡献率也达到 24%。中国经济增长差异显著，差异性的根源之一在于创新的不同。刘贯春等（2019）通过 1993—2015 年的省份面板数据分析发现，不同省份全要素生产率的差异性是不同省份经济增长模式差异的根本原因，贡献率达到 10.7%，虽低于资本积累 83.6% 的贡献率，但高于劳动力 5.7% 的贡献率，全要素生产率对于效率型省份的贡献率为 18.0%，对追赶型和发展型省份的经济贡献率分别为 8.1% 和 -1.0%。

创新是一项长周期、高风险的投资活动，因此需要长期的资金投入，与之相匹配的融资市场应该是金融市场主导型。美国和英国等经济发达国家满足此特点，很好地支持了本国投资，但是很多发展中经济体资本市场起步较晚，直到 20 世纪八九十年代才逐步新建或恢复现代金融市场，现代金融发展还不足半个世纪，与美、欧等发达国家（地区）金融市场相距甚远。因此，当前很多发展中经济体的创新支持主要依赖于传统的商业银行，而商业银行金融支持创新的关键在于较好地满足各类市场主体的融资约束，其中银行业内部结构，即银行业市场结构的作用非常关键。

1.2.3 关于银行业市场结构影响经济增长的研究

1. 银行业市场结构直接影响经济增长的相关研究

第一，产业组织视角下的银行业市场结构对经济增长的影响研究。

一方面，关于银行业市场结构对经济增长影响的研究主要从银行业市场竞争角度展开论述。国外学者早期关于银行业市场结构对经济增长的影响主要围绕"市场力量假说"与"效率结构假说"之间的争论展开论述。哈佛学派支持传统的"市场力量假说"。"市场力量假说"又进一步区分为"结构绩效假说"和"相对力量假说"。两种理论认为，随着银行集中度的提高，具有垄断优势的银行可以提高贷款利率、降低存款利率，不利于资本积累，进而抑制经济增长。而芝加哥学派则是"效率结构假说"的支持者，银行业市场集中度的提高并非绩效提升的原因，而是银行业绩效提升的结果，因此，银行业市场集中度的提升能够促进经济增长。"市场力量假说"与"效率结构假说"两种截然相反的假说带来两种迥然不同的政策建议。如果现实的数据验证了"市场力量假说"的有效性，反垄断政策的实施则势在必行；如果现实的数据验证了"效率结构假说"的有效性，反垄断的政策可能并非提高银行业绩效、促进经济增长的良策。

国内学术界和理论界对银行业市场结构影响经济增长的研究成果尚存争议。改革开放初期，国内学者对于产权结构和银行业市场结构哪个更重要产生了争论。20世纪初中国市场经济刚刚起步，彼时提升中国商业银行业市场竞争能力、效率的关键不在于业务多元化和资产规模的扩大，而在于产权结构的变革，即完善的产权制度是首位的。市场机制包括供求机制、价格机制、竞争机制和风险机制。一些学者认为中国加入世界贸易组织（WTO）后银行业改革的侧重点不应该是市场结构，而应该是产权结构，中国应该充分利用加入WTO后的过渡期，改革过去单一的国有产权结构，通过建立合理的激励机制提高国有银行的竞争力和防风险能力。而另一些学者如林毅夫和孙希芳则认为银行业市场结构更重要。随着中国银行业股份制改革的不断推进、银行公司治理的进一步优化和战略投资者的引入，国内银行已经成为自负盈亏的独立市场主体，以利润最大化原则为其经营原则。因此，当前产权问题对于中国银行业的影响相对有限，但是银行业市场结构问题依然突出。

部分文献支持"市场力量假说"，即认为银行业市场竞争程度的提高有利于经济增长。Bain最早提出了SCP，指银行业市场结构通过影响银行业的行为，进而影响其绩效的分析逻辑。基于此，Hannan构建了一个完整的理论模型分析了银行业的SCP，即不完善的市场竞争导致更集中的市场，这种市场结构为客户提供较低的存款利率和索取较高的贷款利率。Dewatripont和Maskin（1995）通过数理模型的论证，认为竞争型银行业市场结构能够有效缓解政府干预带来的"预算软约束"问题，进而促进经济增长。理论模型分析得出的结论具有一般性，随后越来越多的实证分析应用于验证商业银行市场结构的SCP。相较于传统的SCP，RMP的观点与其并不完全一致。Shepherd（1983）认为，在银行业市场结构中，银行只有同时拥有较大的市场份额和高度差异化的产品时才会在产品定价和赚取超额利润时拥有市场势力。

在实证研究方面，部分学者研究发现，随着银行业市场竞争程度的加强，融资利率随之下降，企业融资可得性逐渐增强。Khan等（2018）基于东盟5国173家商业银行1999—2014年的数据实证分析了商业银行SCP是否成立。与已有文献单纯分析银行业市场结构对其收入结构或其绩效影响不同的是，该文先检验了银行业市场结构对其行为的影响，接着验证了银行行为对其绩效的影响，这样的研究思路更加科学与合理，实证分析支持东盟5国的商业银行市场结构 SCP 的有效性，即银行集中引发反对竞争的行为，进而导致更高的利润。

国内学者董华平和干杏娣（2015）通过 2000—2012 年中国不同类型商业银行的数据证实了该结论，同时该研究成果也显示，竞争程度的提高疏通了当前以银行信贷为主的货币政策传导渠道。徐飞（2019）通过 2007—2017 年 A 股上市非金融企业的数据研究发现，银行垄断程度的增加提高了商业银行对低创新企业的偏好，促进银行业市场竞争程度的增强是支持企业创新的有效手段。姜付秀等（2019）、刘惠好和焦文妞（2021）等通过上市公司的数据研究发现，银行业市场竞争的提升在缓解上市公司融资约束、降低融资成本、提高企业创新投入和金融化水平等方面作用突出。叶涛等（2022）通过上市公司的数据进一步研究发现，银行业市场竞争通过创新渠道助推企业生产率的跃升。曹瑜强等（2020）通过上市公司的数据验证了银行业市场竞争对企业避税的影响效应，研究发现，随着银行业市场竞争程度的提升，银行对上市公司的监督也不断加强，进而有效抑制了上市公司的避税行为。蔡卫星（2019）、张璇等（2019）、祝继高等（2020）通过中国工业企业的数据也印证了竞争型银行业市场结构在缓解企业融资约束、推动企业创新和生产率提升等方面作用凸显。周爱民和刘欣蕊（2020）通过上市银行的微观面板数据论证了经济政策的不确定性以及银行业市场竞争对其收入多元化的影响，银行收入多元化随着经济政策不确定性的提高而提高，银行业市场竞争会放大这种正向影响。牛小凡等（2022）从县域层面提供了银行业市场竞争的证据，银行业市场竞争程度的提高是缓解农村居民经济脆弱性的有效途径之一。

部分文献则支持"效率结构假说"，提高银行业市场集中度能够促进经济增长。效率结构假说认为驱动市场结构变迁的因素在于银行的效率，那些具有先进管理经验和生产技术的银行可以拥有更低的生产成本和更高的利润，因此这些银行可以获得较大的市场份额，最终导致较高的银行业市场集中度，因此抑制兼并的政策对全社会代价高昂。

Petersen 和 Rajan（1994）的研究发现，垄断型银行业市场结构能够有效降低借款者的道德风险，提高企业的融资可得性和银企长期良性互动关系的形成。Petersen 和 Rajan（1995）通过美国企业的数据研究发现，相较于著名的老公司，集中型银行业市场结构更倾向于为新生企业贷款，因为集中型的银行业可以在社区中掌握更多的企业信息，而竞争型银行业市场结构中中小企业获得贷款的概率明显较低。还有学者认为，银行业市场势力的提升可以抵消金融危机的负效应，Cubillas 和 Suárez（2018）通过 17 个国家 2003—2012 年的数据分析证实了该结论，因为从金融危机幸存下来的银行通过重组提升了市场势力，同时鉴于其获得资金的便利性，拥有较高市场势力的银行能够有效对冲贷款损失，进而提高银行的可贷资金。但 Berger（1995）的实证分析否定了"效率结构假说"的有效性。国内学者赵旭（2011）通过 1998—2007 年的数据分析发现，国内银行成本的低效率引起的效率损失远超过市场势力造成的影响。李明辉和黄叶苊等（2018）也发现通过增强中国银行业市场竞争来缓解银行市场势力、抑制流动性创造方面的作用有限。李双建和田国强（2020）通过理论模型和实证分析发现，宽松货币政策会诱使银行风险承担能力提升，而银行市场竞争度的提升会通过利益搜寻和加杠杆的方式进一步放大宽松货币政策对银行风险承担的影响，该研究丰富了银行风险承担方面的研究成果，为银行业改革和货币政策制定提供了有益借鉴。张晓明和赵玥（2022）通过全球上市商业银行的数据论证发现，在后金融危机时代，银行业市场竞争水平的提高加剧了银行间共性行为，进而诱发了更高的系统性风险。

程茂勇和赵红（2011）的研究视角比较独特，对比分析了上市商业银行和非上市商业银行市场势力的影响程度。与非上市商业银行相比，上市商业银行的市场势力更高，非国有商业银行的市场势力低于国有商业银行的市场势力。虽然市场势力的增强不利于商业银行成本效率的提升，但是能极大地提高商业银行的利润效率，究其原因，可能与商业银行为维持其已有的市场势力而扩大支出和业务多元化所带来利润增加有关。

还有学者则认为银行业市场结构对技术进步、经济增长产生非线性影响。在 Bonaccorsi di Patti 和 Dell'Arriccia（2004）论文中得到证实，他们研究了意大利银行业市场结构对行业创新的影响，通过研究发现，银行业垄断对信息不对称的新企业产生了先正向后负向的非线性影响，这样非线性关系会随着信息透明程度的不同而在异质性行业发生变化。张杰等（2017）通过地级市层面的数据论证了中国银行业市场结构对创新的影响，所得结论与 Bonaccorsi di Patti 和 Dell' Arriccia（2004）一致，即银行业市场竞争程度的提升在临界点之前时会抑制企业创新活动，但是一旦超过其临界点，银行业市场竞争提升的创新促进效应则显著。王柄权等（2018）分析也发现，银行业市场结构对于技术进步的影响呈非线性特征。

综上分析，国内外学者关于产业组织视角下银行业市场结构对经济增长影响的讨论已贡献颇多，既有翔实的理论分析，同时也不乏许多经验分析。理论分析有一定合理性，但是缺乏经验分析的验证，而经验分析多基于微观企业层面数据，国别层面的经验验证容易掩盖国别之间的个体差异，缺乏中国省级层面数据验证，这就为本文的进一步研究留足了空间。

第二，规模视角下的银行业市场结构对经济增长的影响研究。

关于银行业市场结构对经济增长影响的研究则主要从银行规模视角展开论述。国外学者 Berger 等（2005）从银企信息不对称的视角，对比分析了大银行与中小银行在搜集"硬信息"和"软信息"方面各自的比较优势，并通过美国中小企业的微观数据进行了验证。中国的中小企业以民营企业居多，大企业则以国有企业居多，两类企业在融资便利性方面差异显著。为此，Song 等（2011）和赵文生（2019）构建了包含企业异质性的增长模型来探究中国经济增长的内涵。

以林毅夫和姜烨为代表的新结构经济学派在借鉴 Berger 等（2005）关于银企规模信息搜集相匹配分析的基础上，进而探究中国银行业市场结构与经济增长的关系，认为最优的银行业市场结构应是银企规模相互匹配。针对当前中国劳动力相对丰裕、资本相对短缺的要素禀赋结构，大力发展中小银行、增加中小银行占比是实现这一目标的有效途径。因为经济中的要素禀赋决定了最优银行业市场结构，与经济结构和要素禀赋相匹配的银行业市场结构才能有效促进经济增长。李广子、熊德华和刘力（2016）也强调了中小银行在缓解中小企业融资难中的作用，金融发展水平在这一影响机制中发挥中介作用。张雪兰和杨瑞桐（2022）从微观家庭金融视角探究了银行业市场结构对企业家精神的影响，降低银行集中度能够有效激发企业家精神。叶德珠等（2021）通过中国工业企业数据研究发现，银企规模结构匹配度越高，其经济增长效应越好。

Barboni 和 Rossi（2019）对比分析了 2008 年国际金融危机前后本地银行与非本地银行信贷支持本地企业的差异，鉴于本地银行在搜集本地企业软信息方面的优势，2008 年国际金融危机发生后，本地银行能够更有效地为本地企业提供信贷支持。刘畅和刘冲等（2017）通过县域层面的数据也印证了中小银行信贷在支持中小企业方面存在比较优势。王凤荣和慕庆宇（2019）从企业层面提供了中小银行在缓解中小企业融资约束、促进经济增长方面的证据。李明明和刘海明（2022）通过上市公司的数据研究发现，降低国有银行集中度、提高银行业市场竞争力能够显著降低企业投融资期限错配。程超和林丽琼（2015）也通过微观企业数据论证了银企"门当户对"的存在性，但是随着金融基础设施的逐步完善，中小银行在服务中小企业的相对比较优势也将日渐式微。

然而，一些学者对中国银企匹配促进经济增长的观点提出了质疑。在理论研究方面，从博弈论视角对银行业规模结构影响经济增长的机制进行分析，认为银企"门当户对"的关系并不存在，缓解中小企业融资难的关键并不在于中小银行，而在于大银行。在实证研究方面，董晓林和程超等（2015）通过江苏省县域的数据也无法印证不同银行规模的比较优势。一是县域相对于省域，区域更小，基础设施相对落后；二是县域信贷市场竞争程度较低，导致银行贷款技术的路径依赖；三是银行贷款技术的同质化也导致了不同规模银行间相对比较优势的淡化。

还有学者则认为，无须具体区分银行规模的大小，只要银行业的规模不断扩大，其规模效应将十分显著，规模经济的实现依赖于银行资产规模的扩张，Benston（1972）研究发现，银行规模每扩大 1 倍，平均成本下降 5%~8%。除规模经济外，范围经济也是充分发挥竞争机制的有效途径，扩大业务范围是充分发挥范围经济竞争优势的关键所在，规模经济和范围经济的内涵为商业银行资产规模的扩张和混业经营提供了坚实的理论依据，但是切不可盲目扩大两种理论在商业银行经营中的应用，否则实际效果可能事与愿违。

综上所述，无论是理论分析，还是经验分析，银行规模视角下关于银行业市场结构对经济增长影响的结论尚未达成一致，仅仅依据要素禀赋结构推导出银行业市场结构类型的结论有待进一步商榷。与此同时，经济运行是一个复杂的系统，中小银行市场份额的提升仅仅是促进中国经济增长的充分条件，而绝非必要条件。中小企业融资约束的极大缓解能够在一定程度上实现经济增长，但实现此目的必须同时兼具诸多条件，例如，良好的营商环境、地理区位优势和产业结构多元化等，因此，新结构经济学认为中小银行市场份额提升必能促进中国经济增长的结论还值得进一步商榷。

2. 关于银行业市场结构影响经济增长渠道的研究

国内外学者关于银行业市场结构直接影响经济增长的结论已基本没有异议，但关于银行业市场结构影响经济增长的间接渠道尚未达成一致。通过相关文献梳理发现，银行业市场结构影响经济增长的间接渠道主要有两条：资本积累和创新。

第一，银行业市场结构影响经济增长的资本积累渠道。

金融发展通过促进资本积累，进而助推经济增长已经基本达成共识。哈罗德—多马模型将资本积累视为经济增长的唯一源泉，该模型原本用于分析发达国家的经济增长，当然此模型在分析发展中国家经济增长时也具有一定适用性，对于发展中国家加速资本积累、实现经济增长意义重大，但囿于其忽略了劳动、技术进步和制度等要素而被后人所诟病。

Guzman（2000）构建了一个包含借款者、贷款者、贸易部门和垄断或竞争性银行系统的多部门一般均衡模型，来对比分析两种不同类型银行系统在长期资本积累中的作用。研究发现，相较于竞争型银行系统，垄断型银行系统更易产生信贷配给，且垄断型银行系统更容易存在更高的贷款利率和更低的存款利率，但是拥有垄断势力的银行系统并不总能同时操控存款利率和贷款利率，因为当银行系统支付的存款利率较低时，一些存款者将放弃正规的金融市场而将存款用于自身项目的投资，这样垄断型银行系统导致了较少的长期资本和较低的经济增长。因此发展中国家应该建立竞争型银行系统，这样才能够有效避免陷入发展陷阱。徐高和林毅夫（2008）的研究成果支持中小银行在经济增长和资本积累中的促进作用。

Cetorelli 和 Gambera（2001）通过 41 个国家、36 种制造业的数据实证分析了银行业市场结构在资本动态积累中的作用，大样本的分析能够有效提高分析的科学性和准确性。研究发现，总体来说，银行业集中程度对经济增长有抑制效应，但是具体到异质性的行业和异质性的企业来说，影响又不尽相同，银行业集中程度的提升便利了新设公司的借贷渠道，促进了引入更多新技术的年轻公司成长，最终促进了技术进步和经济增长，因此不能笼统地说竞争型占主导的银行业市场结构，抑或垄断型占主导的银行业市场结构是最优的。

中国区域发展不平衡现象严重，南北方经济差距显著，南方领先于北方发展的根源在于南方资本积累速度的超前性。资本积累为经济增长奠定物质基础，目前仍然是助推中国经济增长的关键，经济增长中高达 70% 由其贡献。中国目前仍是银行主导的金融市场，那么，银行业的发展对于资本积累的重要性不言而喻。银行业发展的重点在于其市场结构，因此，对于银行业市场结构与资本积累、经济增长关系的研究意义重大。

第二，银行业市场结构影响经济增长的创新渠道。

创新是引领我国经济增长方式转变的关键，在当前我国银行业主导的金融市场中，银行业的发展又是支持技术创新的关键。王柄权等（2018）研究发现，在技术发展水平的不同阶段，与之相匹配的最优银行业市场结构不同。在技术水平较低阶段，竞争性的银行业市场结构有助于提高企业的创新；而当技术水平迈向高级阶段后，拥有市场势力的银行业市场结构反而对企业的创新更有利，因此不能笼统地评判哪一种银行业市场结构是最优的。何欢浪等（2019）则认为我国商业管制放松在缓解金融资源误配中发挥了关键作用。当前我国信贷资源配置仍存在着较严重的所有制歧视，银行管制的放松有效提高了私营企业的资源配置效率，但对于国有企业效率的改善并未产生实质性影响，因此改善中国金融资源误配的关键在于放松银行管制和国企改革同时助力。刘春志和杨瑞桐（2020）先从理论层面梳理了银行业市场结构影响创新发展的机理，通过2005—2018年的省际面板数据进行了验证，银行业市场结构先影响企业创新，然后通过企业创新的间接渠道进而影响产业结构升级。吴尧和沈坤荣（2020）通过微观企业层面的数据验证了银行业市场结构影响企业创新的机理，随着银行业市场竞争程度的提升，企业创新随之提升，且这种影响对于不同企业具有异质性，对于民营企业的创新促进作用更加显著，而对于小微企业却产生了抑制作用。

相较于国外发达国家，发展中国家国内相对较低的创新能力压缩了其进一步投资的空间，再加上金融效率的低下无法将储蓄有效地转化为投资，既抑制了国内经济高质量增长，又造成了以中国为代表的发展中国家与发达国家的经济失衡，即发展中国家相较于发达国家在资本和经常账户存在"双顺差"。银行业市场结构是理解经常账户失衡的关键要素之一，谭之博和赵岳（2012）通过1990—2007年国别面板数据印证了此观点，随着银行业市场集中度的提高，企业会降低从银行融资的比重，而提高自身储蓄的比重。因此，创新能力提升和金融效率的提高离不开合理的金融结构和银行业市场结构。

1.2.4 关于银行业市场结构与经济增长关系的研究

国内外关于银行业市场结构与经济增长关系的相关研究也主要从规模结构和产业组织视角展开讨论，一部分文献认为银行业市场结构对经济增长有单向影响，另一部分文献则认为银行业市场结构是由经济发展内生产生的，经济发展先决定银行业市场结构，而银行业市场结构的合理调整又能反向促进经济增长。

产业组织视角下的银行业市场结构主要侧重分析微观层面银行的经济绩效，其理论基础是"市场力量假说"和"效率结构假说"。两种假说下研究的银行业市场结构与其微观经济绩效主要是单向分析逻辑，是否存在反向的因果关系，目前仅有少数文献对此问题进行了讨论。

规模结构视角下关于银行业市场结构与经济增长关系的讨论，一部分学者是单向分析逻辑，即考虑银行业市场结构对经济增长的单向影响，另一部分学者则考虑二者的双向因果关系。规模结构视角下银行业市场结构与经济增长关系的本质是探讨大规模和中小规模银行的市场份额及两类银行在经济增长中的贡献。部分国内外学者从理论方面进行了梳理，还有学者从经验分析的角度进行了实证验证，当然这种分析仅仅考虑银行业市场结构对经济增长的单向影响。还有部分学者则考虑了银行业市场结构与经济增长的双向影响，如林毅夫等（2009）认为，经济发展阶段的不同决定了与之相匹配的最优金融结构的差异，即以要素禀赋为分析起点，进而决定其产业结构的差异性，那么相对应的企业规模特性存在差异，由此产生了不同的金融需求，最终导致银行业市场结构差异显著。因此，与本地经济发展阶段、要素禀赋等相适应的银行业市场结构能够促进经济增长。

综上所述，关于银行业市场结构与经济增长关系的讨论，仅仅考虑银行业市场结构对经济增长的单向影响存在一定局限性，而双向因果关系讨论的文献数量凤毛麟角，再加上中国经济增长的动态性和可变性，要素禀赋特点也会随着经济增长发生改变，因此，仅仅考虑要素禀赋决定最优银行业市场结构进而得出相关结论可能值得进一步商榷，这也为本文进一步分析留足探索空间。

1.2.5 文献述评

综合来看，新结构经济学派关于银企规模信息搜集相匹配以促进中国经济增长的分析具有一定合理性，但随着金融科技的迅猛发展，大银行借助信息技术实现客户下沉的可能性已经大大提高，届时中小银行在搜集中小企业软信息方面的比较优势将一去不复返。因此，仅考虑两类银行信息优势的分析并不能有力支撑其银企规模相匹配以促进中国经济增长的论证，尚需结合中国的具体国情，将两类银行的产权差异性、资金成本和银行对企业信任的差异性纳入考虑。此外，假设新结构经济学银企"门当户对"可以促进经济增长的结论正确，那么现实中是否实现了"门当户对"？结合当前中国银行业市场结构与经济增长发展的实际，诸多中小银行脱离服务中小企业和本地企业的主责主业，与大银行争夺大客户的现象时有发生，"垒大户"现象已成为常态，并未实现新结构经济学所论述的银企"门当户对"。高质量发展背景下，中国经济当前正处于结构转型的关键时期，从"数量优势"转向"质量优势"，从"注重规模"转向"注重结构"，从"要素、投资驱动"转向"创新、效率驱动"，究竟哪些因素影响了银企"门当户对"的实现，这些因素是通过何种机理掣肘银企"门当户对"完美匹配的，解开这些疑问正是本书的研究目的所在。

从产业组织角度分析银行业市场结构对经济增长影响的国内外文献尚未就二者关系的结论达成一致。理论分析所得结论有待实证分析的进一步验证，而经验分析多集中于微观企业层面和国别层面，中国省级层面的数据验证相对有限，这就为本文的进一步研究留足了空间。

已有文献关于银行业市场结构影响经济增长渠道的观点存在分歧，部分学者认为资本积累是促进经济增长的有效渠道，还有学者则指出，创新渠道更具优势。在当前中国经济"三期叠加"和经济下行压力背景下，既需要资本积累提供物质来源和储蓄有效转化为投资支持经济增长，也需要创新引领经济增长，为中国经济增长持续蓄力并提供新动能，因此本书将资本积累和创新都纳入银行业市场结构影响经济增长的渠道进行分析，以期更全面地论证银行业市场结构对中国经济增长的影响。

1.3 研究思路和研究方法

本书按照"提出问题→分析问题→解决问题"的分析逻辑剖析银行业市场结构对中国经济增长的影响，具体技术路线图见图1.1。首先，通过对国内外文献和相关理论的梳理，结合中国银行业市场结构影响经济增长的实际，引出本书的研究主题。其次，为合理解决中国银行业市场结构与经济增长中存在的问题，本书系统地梳理了银行业市场结构对经济增长的影响机理与作用渠道，同时在回顾中国银行业市场结构与经济增长发展实际的基础上，通过中国的经验数据进行实证验证。美、日两国银行业市场结构影响经济增长的发展历程为中国银行业市场结构调整提供了有益借鉴。最后，归纳全书的结论，并提出政策建议。

关于银行业市场结构对中国经济增长影响的研究，本书将使用以下四种研究方法来进行研究。

第一，文献分析法。第1章国内外文献综述部分采用文献分析法系统梳理了银行业市场结构影响经济增长的经典文献和最新文献。一方面，相关文献明晰了银行业市场结构影响经济增长的理论发展脉络；另一方面，找出了关于该主题研究的不足之处，为本书深入探究银行业市场结构影响经济增长的作用机理和作用渠道奠定基础。

```
┌──────────────────┐           ╭───────────────╮
│  研究背景及研究意义  │          (    问题提出    )
└──────────────────┘           ╰───────────────╯
          │
          ▼
┌──────────────────┐
│     文献梳理       │
└──────────────────┘
- - - - - - - - - - - - - - - - - - - - - - - - - - - - - - -
┌──────────────────┐
│  银行业市场结构影响   │
│   经济增长的理论机理  │
└──────────────────┘
     │        │        │
┌─────────┐ ┌─────────┐ ┌─────────┐
│资本积累渠道│ │ 直接渠道 │ │ 创新渠道 │
└─────────┘ └─────────┘ └─────────┘

                          ╭───────────────╮
                         (    分析问题    )
                          ╰───────────────╯
┌──────────────────┐
│  银行业市场结构影响   │
│   经济增长的事实描述  │       ┌──────────────────┐
└──────────────────┘       │  银行业市场结构影响   │
                           │   经济增长的国际借鉴  │
┌──────────────────┐       └──────────────────┘
│  银行业市场结构影响   │
│   经济增长的经验分析  │
└──────────────────┘

- - - - - - - - - - - - - - - - - - - - - - - - - - - - - - -
┌──────────────────┐           ╭───────────────╮
│    结论与政策建议    │          (    解决问题    )
└──────────────────┘           ╰───────────────╯
```

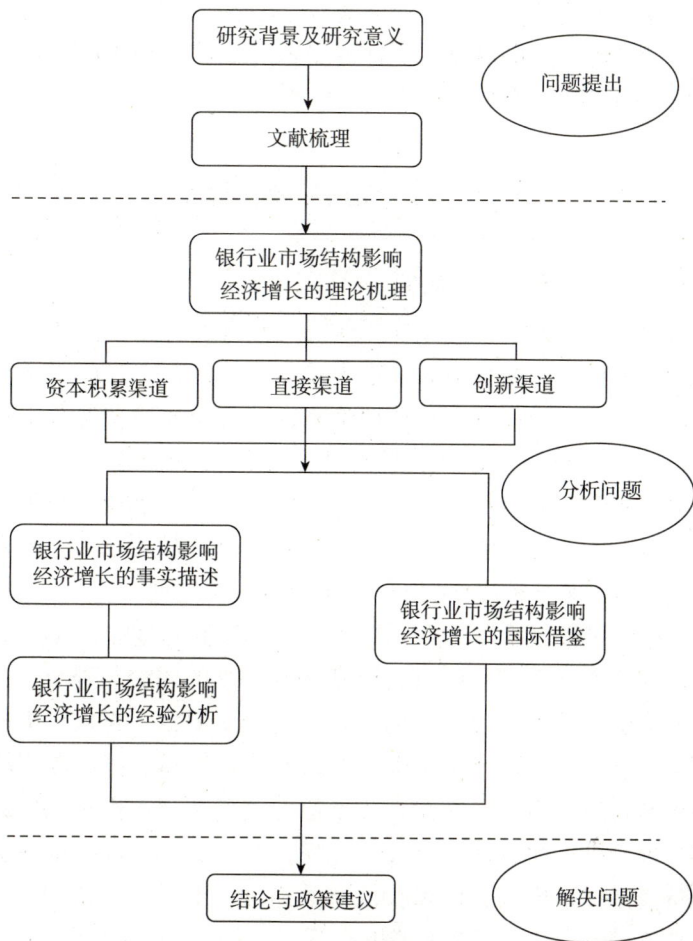

图 1.1 技术路线图

第二，历史分析法。第 3 章梳理了中国银行体系变迁历程和中国经济的发展历程。随着中国银行体系的变迁，银行业市场结构随之发生改革。一方面，银行业市场结构通过缓解中小企业的融资约束来直接促进经济增长；另一方面，银行业市场结构通过资本积累和创新渠道间接影响经济增长。

第三，实证分析法。多种计量实证方法综合应用于银行业市场结构，并对中国经济增长的影响进行分析。第 4 章综合运用 OLS、固定效应、系统 GMM 和工具变量等多种计量方法科学分析了中国银行业市场结构与经济增长的关系，证实了中国银行业市场影响经济增长的直接渠道和间接渠道。

第四，比较分析法。第 5 章通过对比分析美国和日本两国银行业市场结构影响经济增长的差异，归纳出经验教训，这些经验教训为处于转型关键期的中国提供了较好的借鉴意义，即尽量避免两国发展中的不足之处，吸取两国发展中的成功经验。

1.4 本书的基本框架

本书共由七章构成。具体如下：

第 1 章为导论部分，首先交代了研究背景和研究意义。从实践角度来说，合理调整银行业市场结构既关乎中国经济稳定，也为应对全球不稳定和经济下行压力具有重要意义；从理论来说，关于金融发展对于资源配置和经济增长的讨论已由来已久，银行业市场结构是金融发展中的重要一环，优化银行业市场结构对于缓解资源配置扭曲、释放经济增长潜能意义重大，能够极大地丰富金融发展与产业组织理论的相关成果。本章还对已有国内外文献进行系统梳理，找出已有研究的不足之处。

第 2 章回顾了银行业市场结构影响经济增长的相关理论。首先，对银行业市场结构的相关概念进行界定，明晰基本概念的内涵与外延。其次，分析了助力经济增长的资本要素、创新要素和金融要素。再次，剖析了银行业市场结构影响中国经济增长的理论机理与作用渠道。银行业市场结构影响中国经济增长的渠道，既存在直接渠道，也存在资本积累和创新的间接渠道。通过理论机理和数理建模分析发现，增加中小银行数量并提高中小银行市场份额是促进中国经济增长的有效途径。最后，回顾了内生金融理论、金融功能理论和信息不对称等相关理论，为后文的分析奠定理论基础。

第 3 章回顾了中国银行业市场结构影响中国经济增长的现状。中国银行业市场结构逐步由过去四大银行垄断格局向多元化银行体系共同竞争、共同发展的局面转变，资本积累和创新的金融支持力度不断加大，中国经济实现 40 年高速增长。但是当前银行业市场结构仍存在着突出的问题，与经济结构并不完全匹配，中小银行的数量和市场占有率有待进一步提高。

第 4 章对中国银行业市场结构影响经济增长的机理和作用渠道进行实证验证。综合运用 OLS、固定效应、系统 GMM 和工具变量等多种计量方法科学评估了中国银行业市场结构对经济增长的影响，验证了中国银行业市场影响经济增长的直接渠道和间接渠道。

第 5 章回顾了美、日等国银行业市场结构对经济增长的影响，为中国银行业市场结构调整提供借鉴。美国和日本分别是金融市场主导型和银行主导型国家的典型代表，分别回顾这两种模式下银行业市场结构影响经济增长的发展历程，对于优化中国银行业市场结构、促进经济增长意义重大。

第6章提出了优化银行业市场结构，促进中国经济行稳致远的政策建议。当前中国经济下行压力较大，一方面需要优化银行业市场结构对中国经济增长的支撑作用，另一方面也需要完善银行业市场结构调整中的制度保障，进而助力中国经济的行稳致远。

第7章为总结与展望。本部分汇总和归纳全书结论，指出本书不足之处并为进一步研究指明方向。

1.5 本书的创新点

相较于已有研究，本书的创新点在于：

第一，基于已有的国内外文献，同时结合中国银行业与经济增长的发展实际探索银行业市场结构对中国经济增长的影响机理和作用渠道。一是银行业市场结构调整可以直接影响中国经济增长。银行业市场结构并非自发形成的，而是内生于经济结构产生的，与本国或地区发展阶段、要素禀赋相匹配的银行业市场结构能够有效促进经济增长。二是银行业市场结构通过资本积累和创新渠道间接影响中国经济增长。

第二，本书在银企规模"门当户对"理论假说的基础上，建立了包含异质性企业和异质性银行的数理模型，揭示了中小银行市场份额提升能够有效促进中国经济增长的作用机理。针对中小企业在融资过程中存在规模歧视和所有制歧视的问题，一方面，从金融供给能力和金融供给意愿分析了大银行和中小银行服务中小企业的差异性，该差异性决定了为中小企业提供"门当户对"金融服务的金融机构是中小银行。改革开放初期，大型国有企业在国民经济中占主导地位，与之相匹配的是四大银行占主导的银行业市场结构；随着中小民营企业在国民经济中的地位日益突出，提高中小银行市场份额是缓解中小企业融资约束、促进经济增长的关键一环。另一方面，通过对异质性企业和异质性银行的数理模型构建，进一步佐证了银企规模"门当户对"、提高中小银行市场份额是促进经济增长的有效途径。

第三，通过历史分析法和多种实证研究方法揭示了银行业市场结构影响中国经济增长的时空异质性。关于银行业市场结构影响中国经济增长的分析，一方面，综合考虑了不同区域经济增长水平的差异，以及东部地区和中西部地区在地理区位、自然资源、营商环境、改革开放以来"梯度推移"战略的实施等方面禀赋差异明显，经济发展水平较高地区和东部地区的银行业市场结构调整能产生更大的经济增长效应。另一方面，考虑了2008年国际金融危机这一外部冲击，金融危机后，拉动经济增长的传统"三驾马车"动能渐退，而在中国经济转型中，中小企业在释放潜在生产力方面依旧可以大有作为，增加中小银行数量并提高其市场份额能够有效缓解中小企业融资约束和释放更多的金融改革红利，进而助推中国经济行稳致远。

第2章 银行业市场结构对经济增长影响的理论分析

银行业作为产业中的一员，其发展和演变符合一般产业的演变和发展规律。因此本章回顾了产业经济学中的相关理论，同时借鉴内生金融理论、金融功能理论和信息不对称理论等多种理论成果，多角度分析银行业市场结构与经济增长的关系，为后文经验分析奠定理论基础。

2.1 银行业市场结构的内涵及评价

2.1.1 银行业的内涵

为了清晰界定银行业的内涵，需要先明确产业的内涵。产业是一个历史范畴，是社会分工和生产力不断发展的产物，在社会发展的不同历史时期，产业代指特定的含义。在社会生产力发展水平很低的重农时期，产业主要是指农业。在社会生产力发展水平较高的资本主义工业时期，产业主要是指工业。随着社会生产力的快速发展和分工专业化水平的提高，近代以来的产业包括农业、工业和服务业三大产业以及各产业的细分。发展到当下，凡是具有投入产出活动的门类和部门都可以囊括于产业的范畴。

产业的概念在中文和英文中的含义具有一定的相似性，同时也具有一定的差异性。汉语中的"产业"与"部门"、"工业"和"行业"等具有相同的含义。由国家统计局起草的，于2017年颁布和实施的《国民经济行业分类》对行业的界定是指，从事相同性质经济活动的所有单位集合，而不同行业划分的标准就是经济活动的同质性。英语中的"产业（Industry）"既可以代指工业，也可以代指门类、部门和行业，从生产到流通、服务到文化、艺术和科教等。

从广义和狭义的角度来看，产业的内涵也存在明显的差异。广义的产业泛指国民经济的各行各业，大到部门，小到行业。狭义的产业是指具有某种同类属性且相互作用的经济活动组成的集合或系统。

马建堂（1993）从产品替代弹性的角度对产业或行业进行了界定，即产业是指产品具有充分替代弹性的企业集合。当替代弹性同一时，市场与产业、行业具有相同的含义。

产业是介于微、宏观经济之间的中观经济。产业作为一个经济学范畴，既不同于宏观经济学中总量研究的领域，也不同于微观经济学中的个体研究的领域，而是介于微、宏观经济之间的中观经济。产业的研究领域虽不同于微、宏观经济学，但也和微、宏观经济学有着千丝万缕的联系。产业研究范畴包括产业与产业之间，以及产业内部企业之间相互作用关系的规律，而微观经济学的研究对象是个体，即企业和居民的行为，因此，产业研究中分析企业之间的互动规律必须以微观经济学作为基础，而宏观经济的研究对象是国民经济中各总量以及各总量之间的相互关系，产业之间以及产业内部企业之间的互动规律势必对宏观经济产生影响，因此，产业研究与微、宏观经济学联系密切，绝不可割裂。

综上所述，产业的内涵可以从历史、中外、广义和狭义以及研究范畴进行界定，结合本书的研究实际，本书研究的产业具体是指：第一，产业是介于微、宏观经济之间的中观经济，是属性同类、相互作用的经济活动组成的集合或系统；第二，产业是特定社会经济发展阶段的产物，兼具历时性与共时性的特点①；第三，产业是具有投入产出效果活动的单位。

明晰产业的内涵是第一步，接着本章根据理论和实践的发展对银行的内涵做出简要阐述和概括。米什金（2011）在其经典教材《货币金融学》中对银行进行如下定义，"同时吸收存款和发放贷款的金融机构称为银行"，那么按照此定义，同时结合以上产业的分析，一般意义的银行业就应该是由兼具存、放款功能的银行组成的集合或系统。在实务层面，按照2017 年版最新制定和实施的《国民经济行业分类》（GB/T 4754—2017）标

---

① 共时性与历时性是结构语言学的一对术语。共时性是指一种语言在特定历史发展阶段的情况，而历时性是指某一种或几种语言历史演进的发展情况。将这一对术语用于产业分析，其中的共时性是指某一特定发展阶段，产业之间的或某一个产业内部各要素的相互作用关系；历时性是指某一产业的演进发展过程。

准，对货币金融服务业进行了详细的划分①，具体的划分见表 2.1。

表 2.1　中国货币金融服务业的分类标准

代码			行业分类	机构	说明
大类	中类	小类			
66	661	6610		中央银行服务	中国人民银行总行及各级分支机构	代表政府管理金融活动，并制定和执行货币政策，维护金融稳定，管理金融市场的特殊金融机构的活动
	662			货币银行服务		除中央银行外的各类银行所从事存款、贷款和信用卡等货币媒介活动，还包括在中国开展货币业务的外资银行及分支机构的活动
		6621	货币金融服务业	商业银行服务	国有大型商业银行、股份制商业银行、城市商业银行和农村商业银行	
		6622		政策性银行服务	国家政策性银行及驻各地金融机构	
		6623		信用合作社服务	城市信用社和农村信用社	
		6624		农村资金互助社服务		经银行业监督管理机构批准，由自愿入股组成的社区互助性银行业金融服务
		6629		其他货币银行服务		主要与非货币媒介机构以各种方式发放贷款有关的金融服务

① 《国民经济行业分类》国家标准于 1984 年首次发布，分别于 1994 年、2002 年、2011 年和 2017 年进行四次修订，五次行业分类对银行业的分类存在明显的差异。其中 1984 年和 1994 年分类中，没有将银行业单列出来，中央银行、商业银行、其他银行和信用合作社都属于金融业；2002 年分类中，将银行业单列出来，具体包括中央银行、商业银行和其他银行；2011 年和 2017 年分类中，没有银行业的分类，而是改名称为货币金融服务业，2011 年分类中包括中央银行服务、货币银行服务、非货币银行服务和银行监管服务四类，2017 年分类在 2011 年的标准的基础上，又增加了银行理财服务，货币金融服务业最终包括五类。银行业划分标准的演变也在一定程度上反映了银行业发展的实际演变情况。

续表

代码			行业分类	机构	说明
大类	中类	小类			
	663		非货币银行业服务		指上述未包括的从事融资、抵押等非货币银行的服务，包括各种消费信贷抵押顾问和经纪人的活动；还包括金融保理活动
	664		货币金融服务业 银行理财服务		指银行提供的非保本理财产品服务
	665		银行监管服务		指代表政府管理银行业活动，制定并发布对银行业金融机构及其业务活动监督管理的规章、规则

资料来源：国家统计局2017年版《国民经济行业分类》（GB/T 4754—2017）。

　　尽管当前存在着一定程度的"金融脱媒"现象，但也无法改变现代银行作为信用中介的本质。银行业涵盖的内容非常丰富，依据性质和职能可分为中央银行、商业银行和政策性银行[①]。其中，中央银行是金融机构体系的核心，而商业银行作为存款性金融机构的典型代表，是金融体系的主体，是间接金融体系中最主要的金融机构。存款性金融机构包括村镇银行和储蓄机构，在我国主要是指农村信用合作社和城市信用合作社，现在已经分别改制为农村商业银行和城市商业银行。中央银行、政策性银行和存款类金融机构分别属于管理型金融机构、政策性金融机构和业务型金融机构。鉴于大型国有商业银行、股份制商业银行、城市商业银行、农村商业银行和外资银行等商业银行构成了中国当前银行业市场的主体[②]，因此本书的银行业特指上述商业银行构成的银行业。中国人民银行属于中央银

---

　　① 银行业根据出资主体所有制性质划分，可划分为国有控股商业银行（中央政府控股商业银行、地方政府控股商业银行）、民营控股商业银行、外资银行等。银行业根据经营规模和业务覆盖区域，可区分为大型商业银行、全国性股份制商业银行、中小型股份制商业银行、外资银行、城市商业银行、农村商业银行、村镇银行、社区银行等，而按照中国银保监会对银行业金融机构的界定，不仅包括以上各类银行，还包括财务公司、金融租赁公司、信托公司、农村资金互助社、汽车金融公司和消费金融公司。

　　② 2019年之前银行业市场主体还应该包括邮政储蓄银行，在2019年2月11日中国银保监会发布的文件中，将中国邮政储蓄银行列为"国有大型商业银行"，这意味着中国的国有大银行的成员由过去的5家变为现在的6家，即工商银行、农业银行、中国银行、建设银行、交通银行和邮政储蓄银行。

行，与商业银行的性质和功能不同，因此未纳入本书银行业分析的范围。政策性银行虽然在中国经济增长中贡献也十分突出，但是其经营原则和银行性质与商业银行存在明显差异，因此，也未将三家政策性银行纳入本书银行所包括的范围。

按照本书对产业的定义，结合本书的研究对象为商业银行，本文将银行业界定为以利润最大化为经营目标，以安全性、盈利性和流动性为经营原则，以多种金融资产和金融负债为经营对象，能够为客户提供综合性、多功能服务的金融企业所构成的相互作用的集合或系统。

2.1.2　银行的作用和功能

金融结构转变的目的在于金融功能的更好实现。银行业市场结构作为银行业内部结构的一种，其结构的转变也是为了更好地实现银行业金融机构的相关金融功能。本书界定的银行为商业银行，其功能主要体现在以下四个方面：第一，充当资金短缺者和资金盈余者之间资金融通的金融媒介，实现储蓄向投资的转化；第二，实现资金期限的转换，借短贷长；第三，通过金融产品和金融服务的多样化经营提升服务的价值；第四，金融资源配置功能。

2.1.3　银行业市场结构的内涵和评价

金融是内生于经济增长而产生的，与经济增长相适应的金融发展能有效促进经济增长。具体到中观层面的银行业市场结构也是同样的道理，银行业市场结构并非自发形成的，而是内生于经济结构变迁产生的。与不同发展阶段、要素禀赋和不同区域相匹配的银行业市场结构就是最优的银行业市场结构，银行业市场结构的合理调整能产生更大的经济溢出效应。本书从规模结构和产业组织两个角度来界定银行业市场结构的内涵。

规模结构视角下银行业市场结构是指依据商业银行资产规模划分的大银行和中小银行各自在银行业中所占的市场份额。大银行或中小银行的市场份额并非越大越好，市场份额的调整必须与经济增长阶段相适应。中国改革开放初期，国有经济占主导地位，与之金融需求相匹配的银行业市场结构是以四家专业银行市场份额占主导的；而随着中国社会主义市场经济的不断深入发展，民营企业，尤其是民营中小企业在国民经济中的作用日益凸显，差异化的金融需求相伴而生，增加中小银行市场份额是满足民营中小企业差异化金融需求的有效途径。表2.2列示了6家国有大型商业银行2005—2019年的总资产，虽然6家银行同为国有大型商业银行，但是6家国有大型商业银行总资产之间存在明显的分层。2019年，工、农、中、建四家国有大型商业银行的总资产均已突破20万亿元大关，四家银行中，中国银行总资产最低，为227 697.44亿元，而交通银行和邮政储蓄银行的总资产仍徘徊在10万亿元左右，尚未达到中国银行总资产的一半。因此，本书将工、农、中、建四家国有大型商业银行定义为大银行，将交通银行、邮政储蓄银行、股份制商业银行、城市商业银行、农村商业银行和外资银行定义为中小银行。

表2.2　6家大型商业银行2005—2019年资产总额　　　　单位：亿元

年份	工商银行	农业银行	中国银行	建设银行	交通银行	邮政储蓄银行
2005	64 572.39	47 710.19	47 428.06	45 857.42	14 211.32	
2007	86 842.88	53 055.06	59 955.53	65 981.77	21 036.26	
2009	117 850.53	88 825.88	87 519.43	96 233.55	33 091.37	
2011	154 768.68	116 775.77	118 300.66	122 818.34	46 111.77	
2013	189 177.52	145 621.02	138 742.99	153 632.1	59 609.37	
2015	222 097.8	177 913.93	168 155.97	183 494.89	71 553.62	72 963.64
2017	260 870.43	210 533.82	194 674.24	221 243.83	90 382.54	90 125.51
2019	301 094.36	248 782.88	227 697.44	254 362.61	99 056.00	102 167.06

资料来源：Wind数据库，邮政储蓄银行官网只披露了2015—2019年的年报，因此表2.2中邮政储蓄银行的总资产数据不全。

产业组织视角下银行业市场结构是指不同银行之间的垄断或竞争关系。此内涵的分析主要是为了从产业组织视角进一步佐证规模结构视角下银行业市场结构对经济增长的影响。一般来说，随着中小银行市场份额的增加，银行业市场结构的竞争程度会随之提升。

2.2　助力经济增长的影响因素分析

传统的经济增长理论将经济增长的来源归因于资本要素、劳动要素和创新要素，并未将金融要素纳入分析，随着经济实践的不断深入，越来越多的学者认为金融要素在经济增长的作用不可忽视。因此，金融发展理论随之诞生。20世纪60年代金融发展理论兴起，至今经历了三次大转折。随着金融发展理论的丰富和完善，学者对金融与经济增长关系的理解进一步加深。

2.2.1　资本要素、劳动要素和创新要素

现代经济增长理论诞生于亚当·斯密的《国富论》，后历经哈罗德，多马和罗默等诸多经济学家逐步发展起来。

1. 传统经济增长模型

20 世纪中叶，哈罗德和多马两位经济学家在沿袭凯恩斯理论的基础上，构建了早期的经济增长模型。

$$G = \frac{s}{J} \tag{2.1}$$

在式（2.1）中，s 表示储蓄率，J 表示资本与产出的比率，G 表示经济增长率。

该模型的基本假设为：第一，社会仅生产一种产品，该产品是投资品或消费品；第二，生产要素为劳动和资本两种；第三，规模收益为常数；第四，创新要素为常数。

由式（2.1）可知，储蓄率决定经济增长率，该模型的核心就是分析资本数量的多寡对经济增长率的影响。

2. 新古典经济增长模型

因为传统经济增长模型对现实经济现象解释力不足，因此在此模型上进行了拓展。部分学者将传统凯恩斯理论和新古典经济学有机结合，新古典经济增长模型由此诞生。

该模型的基本假设为：

第一，全社会仅存在一个部门，生产一种产品，该产品是投资品或消费品；

第二，生产要素为劳动和资本两种，两要素的价格和投入比例均可变，资本产出比为变量；

第三，市场环境为完全竞争，所有要素得到充分利用，无资源闲置，储蓄全部转化为投资；

第四，规模收益为常数，随着要素投入量的增加，要素边际生产力呈递减的趋势。

当创新或技术进步假定不变时，生产函数可写为：

$$Y = A \cdot K^{\alpha} L^{1-\alpha} \tag{2.2}$$

在式（2.2）中，Y 表示总产量，A、K^α 和 $L^{1-\alpha}$ 分别表示创新要素、资本要素和劳动力要素，且创新要素 A 不变，因此总产量的变动取决于资本要素和劳动力要素投入的多寡。式（2.2）可变形为：

$$\frac{\Delta Y}{Y} = \alpha\left(\frac{\Delta K}{K}\right) + (1-\alpha)\left(\frac{\Delta L}{L}\right) \qquad (2.3)$$

由式（2.3）可知，资本要素增长率和劳动力要素增长率的加权平均数共同决定了经济增长率的高低。

假设创新要素可变时，式（2.3）可以变形为：

$$\frac{\Delta Y}{Y} = \alpha\left(\frac{\Delta K}{K}\right) + (1-\alpha)\left(\frac{\Delta L}{L}\right) + \frac{\Delta A}{A} \qquad (2.4)$$

由式（2.4）可知，经济增长率的变动不仅取决于劳动力要素和资本要素增长率，同时与创新要素的变动密切相关。当然资本要素 K 的数量主要取决于两个方面，一方面是吸收本国和国外部门的储蓄数量的多寡；另一方面是储蓄能否有效转化为高效的投资。

劳动力要素 L 也包括两方面，即劳动力数量和劳动力质量，劳动力数量主要与本国（地区）的生育率和死亡率有关，而劳动力质量主要取决于教育水平的高低，教育水平既与高等教育的普及率密切相关，也和职业教育普及率以及由此影响的劳动力平均熟练程度密切相关。发展中经济体在第二次世界大战后劳动力数量相对丰裕，因此并不是掣肘发展中经济体经济增长的关键，随着当前人工智能技术的不断普及，劳动力要素对于发展中经济体的增长来说更是锦上添花。发展中经济体的现代发展大多起步于第二次世界大战后，经历了长期的殖民统治和两次世界大战的重创，经济早已满目疮痍，经济各个方面亟待发展，但是资本短缺的影响十分明显。

创新要素 A 包括资源配置引起的生产率提高和规模经济引起的生产率提高，以及采用新技术、新知识引起的生产率提高三种类型。处于经济发展初期的经济体，其创新要素主要依赖于前两种类型，在引进和消化吸收发达经济体先进技术的基础上实现创新发展；随着国家（地区）经济发展水平的提高，经济增长过程中要更加注重对科技研发的支持，更多地发挥基础研发的知识溢出效应。

3. 新剑桥经济增长模型

新剑桥经济学派并不认同新古典经济增长模型的分析思路，他们认为现实中资本和劳动力并不能完全替代，重点强调储蓄率在经济增长中的作用。

该模型的基本假设为：

第一，总收入由利润和工资构成；

第二，市场参与者由利润获取者和工资获取者构成；

第三，两类市场参与者的储蓄倾向不变；

第四，利润获取者的储蓄率大于工资获取者的储蓄率。

经济增长可表示为：

$$Y = P + W \tag{2.5}$$

在式（2.5）中，Y 表示总收入，P 和 W 分别表示利润收入和工资收入。

假设利润获取者和工资获取者的储蓄率分别为 s_p 和 s_w，且 $s_p > s_w$，则全社会储蓄率可表示为：

$$s = \frac{S}{Y} = \frac{s_p \cdot P + s_w \cdot W}{Y} = s_p \cdot \frac{P}{Y} + s_w \cdot \frac{W}{Y} \tag{2.6}$$

将式（2.6）代入 $G = \dfrac{s}{J}$ 中，可得：

$$G = \frac{s}{J} = \frac{s_p \cdot \dfrac{P}{Y} + s_w \cdot \dfrac{W}{Y}}{J} \tag{2.7}$$

由式（2.7）可知，资本产出比相对稳定，长期经济增长的实现依赖于两类市场参与者的储蓄率和各自在国民收入中所占份额。

4. 内生经济增长模型

内生经济增长模型的生产函数可表示为：

$$Y = K^\alpha (AL)^{1-\alpha} \tag{2.8}$$

在式（2.8）中，Y 表示总产量，A、K^α 和 L 分别表示创新要素、资本要素和劳动力要素，其中创新要素 A 又可以表示为：

$$A_t = B \left[\alpha_K K_t \right]^\beta \left[\alpha_L L_t \right]^\gamma A_t^\theta \tag{2.9}$$

在式（2.9）中，B 表示转移参数，α_K 和 α_L 分别表示创新部门投入的资本要素和劳动力要素比例。由式（2.9）可知，创新要素取决于创新部门中劳动力要素、资本要素和创新要素存量，因此，创新要素既是经济增长的源头，又是创新部门内生积累的结果。

综上所述，从四个学派的经济增长模型可知，各学派从不同层面对经济增长进行解释。传统经济增长模型仅仅关注储蓄率和资本数量对经济增长的影响；新古典经济增长模型将影响经济增长的要素拓展为资本要素、劳动力要素和创新要素三个方面；新剑桥经济增长模型重点强调储蓄率对经济增长的影响；内生经济增长模型不仅强调资本、劳动力和创新三要素对经济增长的影响，而且进一步将创新表示为劳动要素、资本要素和创新要素存量的函数。现代经济增长理论将经济增长的驱动力归因于资本、劳动力和创新三要素，这种分析具有一定的合理性，为本书银行业市场结构对中国经济增长影响的分析提供了思路。银行业市场结构作为重要的金融要素之一，是否会直接促进经济增长，是否会类似于内生经济增长模型中的创新要素一样，还可以通过资本积累、创新要素间接影响经济增长，有待本书理论机理的深入讨论和实证分析的进一步验证。上述四个经济增长模型的局限性也十分明显，没有将现代经济的核心，即金融要素纳入经济增长的关键要素进行分析。随着经济发展水平的不断提升，金融要素的作用越来越重要，因此，需要将金融要素纳入经济增长的驱动因素进行深入分析。

2.2.2　金融要素

现代经济增长理论诞生于 20 世纪中叶，其理论模型的构建主要基于欧美发达国家经济增长的经验事实，侧重于分析资本、劳动力和创新三要素在经济增长中的作用。随着欧美发达国家经济的快速增长，货币金融的作用日益凸显，越来越多的经济学家将金融因素纳入经济增长模型，以期更好地解释经济增长的内在逻辑。

1. 第一代金融发展理论

第一代金融发展理论的代表人物是 Shaw（1973）和 Mckinnon（1973），其理论核心是通过解决发展中国家的金融抑制问题以实现储蓄动员、助力经济增长的目的。金融发展与经济增长并非单向关系，而是相互影响的，即经济快速增长是金融发展的基础，而金融发展为推动经济快速增长提供动力和手段。金融发展是多方面的，既包括金融资产品种的日益多样化，也包括金融机构种类的增加。金融资产内涵丰富，既包括货币资产，也包括品种丰富的非货币资产。金融机构种类丰富，既包括银行业金融机构，也包括各类非银行业金融机构。在经济发展早期，银行业金融机构在经济增长中发挥主导作用，随着经济发展水平的提升，各类非银行金融机构在经济增长中的作用日益凸显。无论金融机构如何丰富，究其本质，金融业仍是竞争性服务业，其主要作用和功能是一方面最大限度地吸收储蓄，另一方面促进储蓄向投资的转化。

　　针对发展中国家普遍存在的"金融二元主义"，即发展中国家的经济成分有国有经济和非国有经济之分，与金融需求相对应的就是国有金融和非国有金融构成的二元金融体系。处于经济转轨期的中国，在由计划经济向社会主义市场经济转变过程中，囿于资本市场发展滞后，金融支持经济转型的重担落在了银行业身上。改革开放初期，国有经济在国民经济中起主导作用，因此，为了更好地满足国有企业的金融需求，四大专业银行相继恢复或成立。随着市场经济改革的不断深入，非国有经济在国民经济中的地位和作用日益凸显，为了更好地满足非国有企业日益多样化的金融需求，以股份制商业银行、城市商业银行和农村商业银行为代表的中小银行相继成立并逐步发展起来。因此，中国银行业市场结构调整的实践是 Mckinnon "金融二元主义"理论的绝佳例证。

　　2. 第二代金融发展理论

　　内生金融理论是在借鉴内生经济增长理论的基础上诞生的，代表人物主要有 Greenwood 和 Jovanovic（1990）、Levine（2002），其理论核心是金融中介与金融市场是内生于经济增长而产生的，与经济增长相适应的金融发展能有效促进经济增长。内生金融理论认为，由于信息不对称和不确定性等因素的存在，资金融通过程中交易成本因素不可忽视；随着经济增速的提高，交易成本明显掣肘了资金融通的可得性和时效性；鉴于降低金融交易成本的需求，内生于经济增长中的金融体系由此诞生。金融中介从扩大规模经济、降低不确定性和降低信息不对称程度三方面，实现降低交易成本的目的。具体而言，首先，金融中介的产生能够更多地分摊交易成本，扩大规模经济和范围经济。其次，鉴于金融中介的专业性较强，可以将项目搜索成本分散给相应投资者，与此同时，降低交易的不确定性。最后，金融中介可以降低放贷前的搜寻成本，贷款进行中和放贷结束后的监督、审计成本。

　　当前中国依旧是以银行业为主导的金融体系，以四家资产规模最大的大型商业银行为代表的大银行和以股份制商业银行、城市商业银行为代表的中小银行构成的中国银行业市场结构，也是内生于中国经济增长而产生的。随着中国民营企业，尤其是民营中小企业的快速成长，其在国民经济中税收缴纳、吸纳就业和技术创新等方面的作用与日俱增，因此中国银行业市场结构调整的方向必定是提升与之金融需求相匹配的中小银行市场份额，缓解中小企业经营发展中的融资难题，更好地促进中国经济行稳致远。

3. 第三代金融发展理论

现代内生金融理论进一步深入挖掘了影响金融发展的制度因素，当然制度因素中，既包括了法律、法规等正式制度因素，也将宗教、风俗和文化等非制度因素囊括在内。具体到中国，掣肘其经济增长的既与周期性因素有关，同时也与本国内部结构性因素密切相关。内部结构性因素中，银行业市场结构调整尤为重要。当前中国中小企业在国民经济中的作用突出，为进一步满足其差异化的金融需求，需要重点发展中小银行，构建差异化的金融体系。当然，在银行业市场结构调整过程中还需要相关制度的不断完善，正式制度中的法律、法规需要进一步完善，因为健全的法律是市场经济正常运行的基础。当然还需要文化和社会规范等非正式制度的配合，弘扬诚信文化，积极引导各类企业诚信经营，加大对企业失信行为的舆论监督，为银行业市场结构调整支持经济增长贡献更多的软实力支撑作用。

综观三代金融发展理论，不难发现，金融发展理论家对于经济增长中的金融要素的研究越来越深入，早期的金融发展理论强调金融在经济增长中储蓄形成以及储蓄向投资转化的作用。随着经济金融实践的不断深化，金融发展学家强调金融是内生于经济产生的，适合经济发展阶段的金融要素对经济增长能够产生更大的促进作用。第三代金融发展理论则进一步追溯影响金融发展的制度因素，三代金融发展理论对当前中国金融改革的借鉴意义重大。在当前银行主导的金融市场体系下，银行业内部结构，即银行业市场结构尤为重要。本书将从银行业市场结构的视角来剖析中国经济增长的内在逻辑和发展动因，并有针对性地提出政策建议，以期为中国经济行稳致远提供有益借鉴。

2.3 银行业市场结构影响经济增长的机理分析

经济增长是发展经济学永恒的主题。通过相关文献梳理发现，银行业市场结构既对经济增长产生直接影响，同时也会通过资本积累和创新的中介渠道影响经济增长。然而，何种银行业市场结构更能促进经济增长，以及如何通过资本积累和创新路径实现经济增长，尚需进一步探讨和研究。本节聚焦于银行业市场结构对经济增长的影响机理，通过厘清中国银行业市场结构影响经济增长的内在机理和传导路径，为后文的经验分析做好铺垫。

2.3.1　银行业市场结构影响经济增长的制度背景

改革开放 40 多年来，中国经济取得的不俗成就得益于投资、出口和消费"三驾马车"的拉动，传统的"三驾马车"动能渐退，亟须新的"三驾马车"继续助力。

从传统投资领域向新兴投资领域转变过程中，国有企业和地方政府加杠杆投资的空间有限，而民营中小企业在融资约束得到缓解的情况下仍然可以大有作为。改革开放以来，中国是一个典型的"追赶型"经济体，从传统的计划经济体制逐步向市场经济体制转变，美、日、欧等主要发达经济体的发展历程为中国的经济增长提供了有益借鉴，主要由中央、各地方政府和大型国有企业进行大规模的基础设施投资和固定资产投资，基础设施投资周期长、资金回报率相对较低，而国有企业主导的固定资产投资以资本密集型产业为主，如钢铁和石油，投资的增长以期带动中国经济增长。对于中国这样一个发展中经济体来说，在资本相对稀缺的情况下，地方政府和国有企业投资占用了大量的金融资源，这在一定程度上促进了中国经济增长，但同时对民营企业，尤其是中小民营企业造成了严重的金融资源挤出。在中国资本市场发展严重滞后的情况下，无论是地方政府的基建投资，还是国有企业的固定资产投资，主要还是依赖于银行主导金融市场，而国有银行主导的金融市场正好契合了它们的融资需求，国有企业和地方政府负债的不断攀升使其集聚了大量的金融风险。因此，2015 年党的十八届五中全会首次提出了"降杠杆"的目标，2016 年国务院正式公布的《关于积极稳妥降低企业杠杆率的意见》，正式拉开了我国企业降杠杆的序幕，2018 年，中共中央办公厅、国务院办公厅印发《关于加强国有企业资产负债约束的指导意见》，为国有企业降杠杆明确了目标，2020 年年底，国有企业平均资产负债率比 2017 年降低 2%，之后要与相同行业、相同规模的企业杠杆率水平保持一致。同一年，中国银保监会主席郭树清尖锐地指出，"坚持以结构性去杠杆为基本思路，尤其是国有企业和地方政府需要降低杠杆率"。中央文件的密集发布和相关主管领导的讲话足以表明国有企业和地方政府高杠杆问题的严重性。

高质量发展背景下，中国经济正由"追赶型"向"创新型"转变，传统粗放式投资模式不可持续，5G 网络、大数据和人工智能等新型基础设施建设成为当前及未来很长一段时间新的投资领域。在新兴业态逐步发展的过程中，作为过去的投资主体——地方政府和国有企业，在当前加杠杆空间有限的情况下，如何激发民营企业，尤其是中小型民营企业的投资活力和投资效率显得尤为重要。

当经济繁荣时，随着经济的快速扩张，企业资产规模扩张速度快于负债扩张的速度，国有企业和民企杠杆率呈下降的趋势；中国信贷配置存在严重的规模歧视和所有制歧视，国有企业杠杆率随着信贷歧视程度的上升而增加，而民企，尤其是规模小、可抵押物少的中小企业则随着信贷歧视程度的上升而下降，最终导致国有企业杠杆率高企，而民企杠杆率较低的结构性问题。当经济下行时，国有企业和民企资产扩张的速度锐减，国有企业资产扩张锐减的速度远高于负债扩张锐减的速度，而民企则恰恰相反，资产扩张锐减的速度远低于负债扩张锐减的速度，两类企业杠杆率结构性问题依旧存在；而规模歧视和所有制歧视加剧了杠杆率结构性高企的严重程度（殷兴山和易振华等，2020）。与此同时，2015 年"去杠杆"政策执行过程中"一刀切"效应的叠加，更加剧了民营企业，尤其是民营中小企业的融资难题。

由以上分析不难发现，中国向创新型经济转型过程中，从投资主体来看，地方政府和国有企业继续通过加杠杆来投资新业态的空间已非常有限，再加上地方政府和国有企业投资的低效率，造成当前产能过剩、"僵尸"企业占用大量金融资源、地方政府债台高筑；而民营企业，尤其是最有活力的中小企业投资效率较高，但面临内源融资有限、外部融资渠道不畅的难题，且长期无法得到有效破解。在当前银行主导的金融市场中，只有实现银企金融供需的有效对接，中小企业才能在释放潜在生产力方面大有作为。

当前中国国际格局正在转向，如何更好地激发国内市场主体活力、促进国内消费转型升级值得深入研究，通过银行业市场结构调整能释放更多的金融改革红利。改革开放初期，中国经济呈现外向型发展特征，出口主要供应欧美等发达经济体市场，但是 2008 年国际金融危机后，欧美等主要发达经济体经济增速明显放缓、消费大幅萎靡，加上近年来不断发生的贸易摩擦，中国向欧美出口的模式已经不可持续。为了破解出口难题，2013年，习近平总书记提出了"一带一路"倡议进行积极应对，以期弥补欧美出口市场大幅下滑对经济的负面冲击，同时随着以美国为首的西方国家为转移国内矛盾而进一步加剧对中国经济围堵，国际局势不确定性程度加大。因此，为了积极应对外部挑战，2020 年 7 月中共中央召开的政治局会议上，确认了构建"双循环"战略的新发展格局，即形成以国内大循环为主体、国内国际双循环相互促进的新发展格局，充分发挥国内作为全球最大市场的优势，有效弥补外需不足对经济的冲击。改革开放以来中国经济的增长虽然一直强调"三驾马车"的拉动作用，但真正发挥主导作用的是出口和投资，而国内消费活力虽有助力，但效果相对有限，而且过去的消费主要集中于住房、汽车和家电。随着改革开放以来经济增长水平的提高，居民的收入水平也相应大幅提升，居民消费转型升级的意愿十分强烈。2017年，党的十九大报告明确指出，中国社会主要矛盾已发生转变，人民对日益增长的美好生活需要同不平衡不充分发展之间的矛盾已成为当前中国社会的主要矛盾。具体到居民消费领域，说明居民并非没有消费能力，而是居民对消费提出了更高的要求。近年来，海淘、代购以及居民从国外大量购买消费品就是最好的例证，这同样说明了国内生产的相对滞后，消费者对产品品质提出了更高的要求。企业高质量生产依赖于技术转型升级的同时，也离不开现代金融的大力支持。国内生产企业如果按照规模分类，可以划分为大企业和中小企业，大企业以国有大企业居多，大企业标准化程度较高，标准化的产品现在已经很难满足消费者日益多样化的需求，而灵活多样的中小企业为此提供更多的可能性。中小企业可以充分发挥自身"船小好掉头"的优势，及时调整生产经营策略，生产出更多差异化的产品来满足国内外消费者转型升级的需求，但是国内长期以来信贷所有制歧视和规模歧视使得中小企业在生存和发展过程中面临诸多问题，融资难、融资贵的问题亟待解决。

综合以上分析，我们可以得知，中国经济由"传统三驾马车"向新兴经济投资、出口转型以及国内消费升级"新三驾马车"转型过程中，国有企业和地方政府作为过去投资的主体，囿于其杠杆率高企、投资低效，继续加杠杆来增加投资的空间已经相对有限，而杠杆率较低、投资效率较高的中小民营企业通过缓解融资难题而促进创新经济发展仍有充足的空间。投资增加的最终目的是更好地满足国内外消费者转型升级的要求，而中小企业在这方面可以大有作为，充分发挥"船小好掉头"的优势，及时更新产品，但是长期以来受到融资难、融资贵问题的掣肘，当前金融市场为银行主导的情况下，实现银企有效对接是解决该问题的根本途径。

劳动力相对充裕、资本相对短缺的资源禀赋决定了当前的银行业市场结构应当是以中小银行为主，随着中小银行数量的增加和市场份额的提升，可为国民经济发展中贡献突出的中小企业提供更多"门当户对"的金融服务（见图2.1），势必释放更多的经济增长潜能，进而促进中国经济的行稳致远（林毅夫和孙希芳，2008）。

综合以上分析，中国经济增长正经历由"传统三驾马车"向"新三驾马车"的转变，劳动力相对充裕、资本相对短缺的资源禀赋特点两者共同决定了中国企业发展的重点是中小企业。

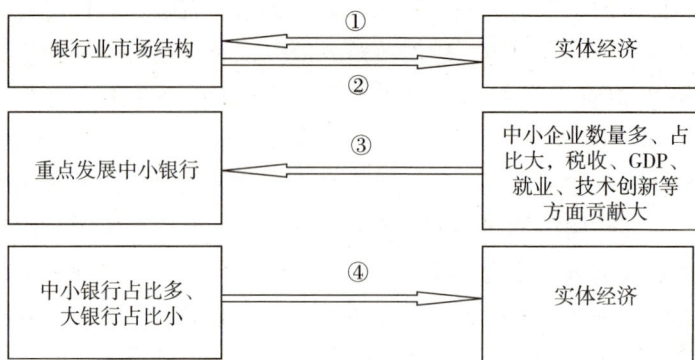

图 2.1　银行业市场结构与经济增长关系图

(资料来源：作者绘制)

2.3.2　银行业市场结构影响经济增长直接渠道的理论分析

本书结合大银行和中小银行在信息搜集、产权性质、资金成本和银行对企业信任的差异等方面的原因，深入探究银行业市场结构对经济增长的影响机理。研究发现，大银行有能力为中小企业提供金融服务，但服务意愿并不强，而中小银行既有能力也有意愿服务于中小企业。

1. 银行业市场结构影响经济增长的理论机制分析

发展经济学的研究对象是发展中国家经济增长和经济发展的相关问题。阿玛蒂亚·森本是福利经济学方面的著名经济学家，鉴于其在福利经济学领域所作的突出贡献而获得诺贝尔经济学奖，后来又将"能力方法"用于分析发展经济学领域的相关问题，提高了发展经济学理论分析问题的可操作性（王艳萍，2006）。"能力方法"的核心在于功能和能力（Sen，1985）。功能是指一个人生活中各种活动和生活状态的集合。能力是指一个人所能实现的各类功能的集合。结合本文的研究实际，"能力方法"为研究银行业市场结构对经济增长的影响提供了很好的研究思路和研究视角。银行的本质是连通资金盈余者和资金短缺者的金融中介，即通过吸收资金盈余者的存款为资金短缺者发放贷款。依据规模可将银行划分为大银行和中小银行，两类银行通过吸收存款都具备为大企业和中小企业服务的能力。经济学的本质是经济主体如何做选择的问题，选择的依据或标准是什么，机会成本的概念为此提供了标准。选择的范围是什么，当然是在可选择的范围进行决策，即经济主体所具备的能力。假设在理想的条件下，大银行和中小银行作为理性经济人，以利润最大化为其经营目标，那么两类银行均会根据自身的能力做出理性的选择（意愿的产物）。下文将对大银行和中小银行的能力和意愿进行详细的对比分析，以期为中国银行业市场结构调整提供理论支撑和决策依据。

（1）在信息搜集方面，大银行与中小银行各具比较优势

金融机构的重要功能之一在于缓解交易双方信息不对称，当然银行也不例外。不同规模银行信贷决策的依据有所差异。大企业主要产生以财务报表为代表的"硬信息"，"硬信息"具有客观性、便于观察和传递等特点，这些特点便利了"硬信息"在组织结构链条较长的大银行内部传递。而中小企业生命周期普遍较短，缺乏可靠的"硬信息"，只能生产以企业主的经营能力、企业的市场环境和个人品质等为代表的"软信息"，"软信息"的主观性较大，可传递性较差，组织结构扁平化的中小银行为"软信息"的传递提供了可能性，而且基层从业人员更可能利用其搜集的"软信息"进行信贷决策。因此，相较于大银行，中小银行基层员工有更大的激励去搜集和利用中小企业"软信息"。大银行在搜集"硬信息"方面具有比较优势，而中小银行在搜集"软信息"方面具有比较优势，因此大银行要服务于大企业，中小银行要服务于中小企业。

（2）在产权性质方面，由于大银行和中小银行的股权结构差异显著，决定了其服务对象的明显不同

中国银行业市场结构发展的显著特点是国有银行的主导性，而国有银行主导性的关键在于国有产权的主导性。在产权性质方面，由于大银行和中小银行的股权结构差异显著，决定了其服务对象的明显不同。改革开放初期，为了更好地满足国有企业的融资需要，中国农业银行、中国建设银行、中国银行和中国工商银行这四家专业银行相继成立，彼时的四大专业银行并非真正意义的现代商业银行，因为其既从事商业银行的基本业务，又承担了部分政策性金融业务。随后，为了更好地发挥专业银行对国有企业的金融支持作用，国家将四家专业银行的政策性金融业务进行剥离，同时成立四大资产管理公司对四家专业银行的不良资产进行处理，再加上中央汇金公司和财政部的注资、引进战略投资者和股份制改革后上市等举措，四家专业银行转变为四大国有商业银行，改革后的国有商业银行逐步向现代意义的商业银行转变。国有商业银行改革完成后，并未改变其国有控股的性质，因此在选择金融服务对象时依旧以国有企业为主。随着经济体制改革的不断深入，非国有经济逐步发展起来并在国民经济中的作用日益凸显，在部分地区、部分行业中，非国有经济在产值、税收贡献以及吸纳劳动力就业等方面的作用甚至

超过了国有经济。1994 年分税制改革后，地方政府财权与事权不统一的矛盾日益激化，地方政府承担了发展当地经济的主要责任，但囿于其财政收入有限，因此地方政府有很大的激励去发展本地经济。为了更好地支持本地经济发展，地方政府支持以股份制商业银行、城市商业银行和农村商业银行为代表的中小银行迅速发展起来。相较于国有商业银行的国家直接控股，中小银行的股权构成中虽也有地方政府的身影，但是股权结构分散程度更高，经营决策的灵活度更高。此外，从大银行与中小银行设立以及其在各地开设分支机构的时间先后顺序来看，大银行首先在全国各地开设分支机构，而中小银行的开设时间相对较晚，因此，在处于金融需求头部的大型国有企业的金融服务市场已经被国有大型商业银行瓜分完毕的情况下，中小银行对国有大型商业银行已占有的头部市场很难涉足或涉足较少，因此作为理性的经济人，中小银行会选择当地生产率较高的中小企业作为其金融服务对象①。综合来看，国有股权性质的大型商业银行决定其服务对象以国有大型企业为主，股权分散的地方性商业银行和股份制商业银行更倾向于服务中小企业（李明辉等，2018）。

企业股东结构的异质性决定了其公司使命和经营目标的差异性，当然，国有商业银行也不例外。国有商业银行由财政部和中央汇金公司直接控股，国有股权的特点决定了以国有大型商业银行为代表的大银行经营目标的特殊性，不仅要关注利润最大化的一般目标，而且作为国有企业，又必须承担更多的政策性任务，如支持实体经济实现"六稳"和"六保"的目标。针对中小企业长期存在融资难、融资贵的问题，2017 年 5 月，国务院专门召开会议研究对策，要求大型商业银行在 2017 年年底全部设立普惠金融事业部。随后当时五家大型国有商业银行积极响应中央政策，于 6 月底已全部完成普惠金融事业部的挂牌工作。但是普惠金融顾名思义是金融服务普遍惠及社会各阶层，关键是金融服务的重点领域和薄弱环节，如中小企业、边远地区、农村和贫困居民等，以机会平等和商业可持续性为要求和原则，明显背离了商业银行利润最大化的经营原则，因此，国有大型商业银行普惠金融事业部的

---

① 洪正和胡勇锋（2017）认为，理解中国经济增长的关键在于厘清中国式分权的内涵和内在逻辑，金融分权分为两个层次，即中央政府向地方政府的分权和地方政府向民间的分权。由于两种金融分权形式的存在，我国信贷市场基本上按所有制类型进行对应分层，即央企、地方国有企业和民企的金融资本分别来源于中央政府、地方政府和名义经济各自控制的金融机构，国有银行总行对应的是央企，其省分行及以下支行的金融资本分配顺序为地方国有企业、民企，地方商业银行的金融资本分配顺序为地方国有企业、民企，而民营银行主要对接民营企业。

设立，是中央政府"定向调控"的产物，承担了更多的政策责任，而绝非自身利润最大化目标的驱使①。这样我们不难得知，国有大型商业银行普惠金融事业部的成立，实现客户下沉，虽然会在一定程度上提高中小企业金融获得的便利性，但这种动力是外在的，并不具有可持续性（见图 2.2）。与之相比，如何提高中小银行金融支持中小企业的内在动力显得尤为重要②。中小银行的国有股权特性并不明显，以利润最大化或股东价值最大化为其经营目标，中小银行负债端的高成本特性决定了其资产端的高风险特性，否则低收益资产无法覆盖其高成本负债，中小企业贷款的高风险特性恰好与之相对应，因此，中小银行服务中小企业是由内在动力推动的。

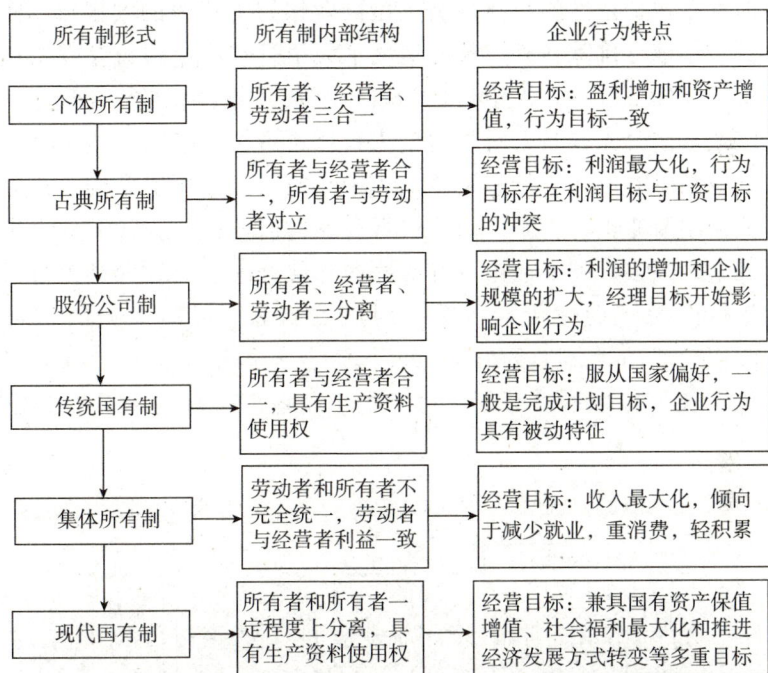

所有制形式	所有制内部结构	企业行为特点
个体所有制	所有者、经营者、劳动者三合一	经营目标：盈利增加和资产增值，行为目标一致
古典所有制	所有者与经营者合一，所有者与劳动者对立	经营目标：利润最大化，行为目标存在利润目标与工资目标的冲突
股份公司制	所有者、经营者、劳动者三分离	经营目标：利润的增加和企业规模的扩大，经理目标开始影响企业行为
传统国有制	所有者与经营者合一，具有生产资料使用权	经营目标：服从国家偏好，一般是完成计划目标，企业行为具有被动特征
集体所有制	劳动者和所有者不完全统一，劳动者与经营者利益一致	经营目标：收入最大化，倾向于减少就业，重消费，轻积累
现代国有制	所有者和所有者一定程度上分离，具有生产资料使用权	经营目标：兼具国有资产保值增值、社会福利最大化和推进经济发展方式转变等多重目标

图 2.2　不同产权（所有制）结构决定企业行为逻辑图

（3）在资金成本方面，大银行和中小银行的资金成本相差明显

从货币政策投放渠道来说，2014 年之前，中国人民银行主要通过外汇

---

①　2017 年 5 月 3 日，李克强总理在主持召开国务院常务会议上说："大型商业银行一定要树立正确的理念，成为普惠金融的骨干力量，你们责无旁贷！"从李克强总理的讲话中，我们可以得知，五大银行发展普惠金融是其作为国有企业所必须承担的政策责任。事实上，发展普惠金融不仅为小微企业和"三农"等实体经济发展提供支持，更是本届中央政府实施"定向调控"的重要工具。

②　中小银行服务于中小企业是有内在动力的。

占款渠道实现基础货币投放，即随着中国出口的增加，外贸企业收入了很多外汇，外贸企业将外汇在银行换为人民币，然后收到外汇的各类银行再与央行兑换为人民币，这样就实现了基础货币的投放，在这种基础货币投放方式下，大银行和中小银行均能操作。但2014年之后，中国人民银行改变了货币投放渠道，由过去的外汇占款投放改为通过中期借贷便利和短期借贷便利投放。新的货币投放渠道存在着结构性缺陷，即银行通过中期借贷便利（MLF）向央行借款时需要同时满足两个条件：第一个条件必须是满足宏观审慎管理要求的商业银行和政策性银行，第二个条件是发放方式为质押，且需要提供国债、央票、政策性金融债等优质债券作为合格抵押品，同时满足两个条件的只有国有大型商业银行为代表的大银行，而将数量众多的中小银行排除在外，这样造成了大银行与中小银行存在明显的流动性分层（见图2.3)[1]。大银行作为央行货币政策执行的一级交易（商）行，能够近水楼台先得月，首先得到央行货币资金的投放，然后又以同业拆借或同业存单的形式将低息资金流入中小银行，信用链条的拉长无疑增加了以股份制商业银行、城市商业银行和农村商业银行为代表的中小银行的资金成本。大银行和中小银行流动性的分层进一步导致两类银行风险分层，大银行作为流动性传导的第一时间受益者，风险承担的意愿并不高，中小银行流动性传导的时滞较长，资金成本相对更高，风险偏好较高，整体实现了金融风险分层，对于中小企业的金融需求具有一定支撑作用。

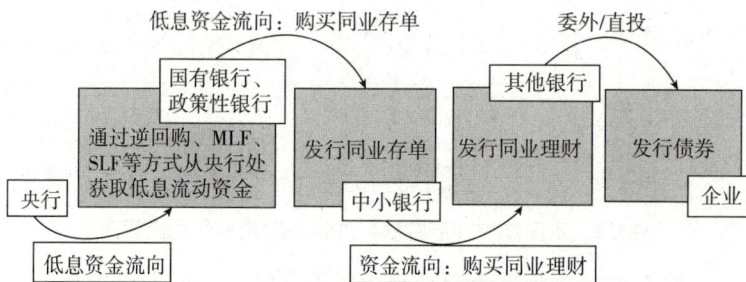

图 2.3　大银行和中小银行流动性分层图

[资料来源：崔宇清（2017）《金融高杠杆业务模式、潜在风险与去杠杆路径研究》]

从大银行和中小银行经营的角度来看，大银行在经营过程中更具优

---

[1]　上述内容根据2019年10月28日南京大学范从来教授主题为"金融供给侧结构性改革"讲座的相关内容进行整理。

势，中小银行经营劣势明显。

首先，大银行和中小银行议价能力差异显著。经营特许权赋予商业银行较低的谈判成本和相对于借款方来说更高的议价能力，而大银行和小银行的议价能力又存在较大差异。以四家资产规模最大的国有大型商业银行为代表的大银行凭借其庞大的资产规模和众多的营业网点优势，其在与企业的议价过程中议价能力更强，能够以较低的成本吸收存款。而中小银行资产规模明显较小、网点相对较少，其在与企业的议价过程中议价能力相对较弱，吸收存款的成本相对较高，如果按照大银行的贷款利率将资金投放给企业，其利差收入明显较低，压缩了中小银行的利润空间。

其次，大银行和中小银行负债端成本差异决定了资产端风险偏好的差异。与普通工商企业无异，商业银行的资金源于所有者权益和负债，资产是其资金来源的应用。因为监管当局对于商业银行资本有着严格的要求，因此各类银行所有者权益部分相对稳定①，大银行和中小银行的主要区别在于负债差异。商业银行的全部存款由核心存款和波动存款两部分构成，核心存款具有长期稳定、利率较低的特点，而波动存款具有短期波动和利率较高的特点（见表 2.3）。由于历史和诸多现实原因，以国有大型商业银行为代表的大银行积累了大量的核心存款，核心存款数量多、占比高，为大银行提供了稳定且廉价的资金来源，负债端的低成本为资产端的选择提供了充裕的空间，因此，大型中央所属企业和地方国有企业等优质项目成为其理想的目标客户（见图 2.4）。相比之下，中小银行的发展相对较晚，在大型国有企业等优质负债来源被大银行瓜分完毕的情况下，中小银行只能从地方国有企业、中小企业和居民等渠道吸收存款，因此中小银行核心存款数量少、占比少（见图 2.5），负债的高成本限制了其资产选择的空间，在基于风险与收益相匹配的经营原则下，中小银行倾向于选择较高风险的中小企业作为信贷投放渠道，这样资产端的收益才能有效覆盖负债端的高成本。

---

① 根据《巴塞尔协议》的相关规定，中国银保监会也发布了相关规定对商业银行进行监管，监管的核心和重点在于资本的监管，虽然对系统重要性银行和非系统重要性银行的资本监管存在差异，但是差异并不显著，因此，本文认为大银行和中小银行所有者权益之间的差异可以忽略不计。

表 2.3　核心存款与波动存款的比较

项目	核心存款	波动存款
定义	存款长期稳定，客户可以随意转账和支取，且没有特定到期日	核心存款之外的其余存款
特点	长期稳定，利率低，对核心存款的重定价次数有限	短期、波动
范围	国际口径包括个人活期存款账户、商业活期存款账户、储蓄、可转让提款指令账户和货币市场存款账户，我国口径仅包括前两项或前三种	核心存款之外的其余存款

资料来源：根据相关文献进行整理。

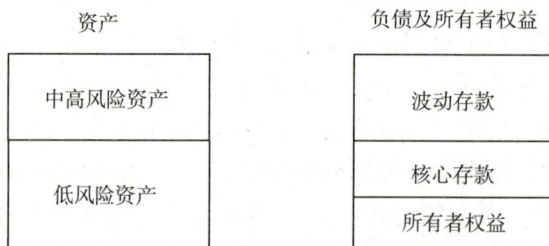

图 2.4　大银行风险与收益匹配图

（资料来源：作者绘制）

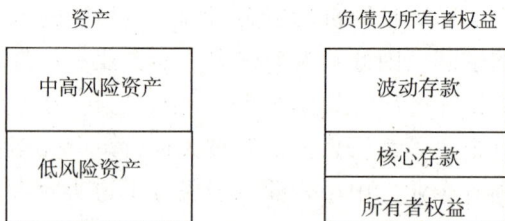

图 2.5　中小银行风险与收益匹配图

（资料来源：作者绘制）

　　最后，大银行和中小银行分别在处理大、小规模贷款方面各具比较优势。通常情况下，贷款成本和贷款规模呈负相关，即随着贷款规模的增加，贷款成本呈递减的趋势。大银行组织结构呈垂直型特点，贷款审批链条冗长，因此贷款规模越大，审批各环节上分担的成本越低，大银行越倾向于服务大企业的大规模贷款项目，而忽视了中小企业小规模、零散的信贷项目。而中小银行组织结构呈扁平化的特点，贷款审批环节相对简单，审批中小规模的贷款项目资金成本相对更低，因此，中小银行倾向于服务中小企业的小规模贷款。

　　大银行和中小银行在提供金融服务方面差异显著。大企业的金融需求更加多样化，同时更为复杂，很多大企业现在不仅专注于满足国内市场的需求，同时也积极拓展海外市场，因此大企业从采购原材料到最终产品进入消费市场的整个环节，涉及形式多样的金融需求，如银行授信、信用证、外贸结汇和银团贷款等，如此多样且复杂的金融需求让很多中小银行望而却步，仅有以国有银行为代表的大银行和部分外资银行能够满足这样的金融需求，因此大银行能够有效对接大企业的金融需求。而中小企业虽然也在金融需求方面呈现出多样化的特点，但都相对简单，对综合性金融服务供给要求相对较低，因此，经营方式灵活的中小银行能够很大程度上满足其金融需求。

　　综合来看，大银行的资金成本明显占优于中小银行。大银行获取资金的成本更低，而中小银行的资金成本相对更高，资金成本的高低决定了两类银行资产选择方向的不同，大银行倾向于选择资产规模大、经营状况好的大企业作为资金投向的目标，因此大银行风险偏好较小，经营相对稳定。而中小银行囿于较高的资金成本，若想获取收益，必须选择贷款收益率较高的企业进行资金投放，中小企业资产规模小、经营状况稳定性相对较差，愿意支付相对较高的利率来进行贷款，因此中小银行倾向于选择中小企业作为其服务的对象。

　　（4）大银行对大企业和中小企业信任的差异造成了信贷市场的二元分割

　　中国信贷市场存在着高、低端市场的二元分割。高端市场是指大银行与大企业构成的信贷市场，主要以信贷批发业务为主，且具有期限长、利率低和信用放款等主要特点。低端市场是指由地方性中小银行与中小企业构成的信贷市场，主要以零售业务为主，同时具有期限短、利率高和非信用贷款为主的特点。中国存在高、低端二元信贷市场的原因在于大银行对不同企业间的信任差异。大银行对不同企业信任差异是多方面原因的结果，既有历史的原因，也有政策方面的原因。当前四家国有大型商业银行由改革开放初期的四大专业银行演化而来，工商银行专司工业和商业企业存贷款业务，农业银行服务农业发展的资金需求，中国银行主要从事外贸结售汇业务，而中国建设银行则专长于大型基础设施建设的金融服务，虽然四大专业银行已经由过去的专业银行转变为现在业务多元化的综合性商业银行，但是四大银行的很多业务难免存在路径依赖，由此形成了四大银行与大企业长期的信任关系。四大银行金融支持的国有大企业，大多是垄断型的企业，同时具有大而不倒、政府"兜底"和预算软约束等政策优势，这些特点可以确保大银行的从业人员在自己任期内不会发生严重的风险事故，因此激励大银行持续地为大企业提供金融支持，这样长此以往便形成了良好的信任关系。中小企业对于大银行而言，它们不是"圈内人"，而是"后来者"，与大银行的金融交易多是短期的、随机的，加上中小企业生命周期普遍较短、规模较小，以及信息透明度不高等先天缺陷，因此大银行难以对中小企业形成稳定的信任关系。当信任差异演化为贷款决策后，二元信贷市场就自然而然形成了。

信息搜集、产权性质、资金成本和银行对企业信任的差异四方面的综合分析结果，决定了中国银行业市场结构的特殊之处——银企规模相匹配既具优势，也是银企关系的必然选择（见图2.6）。具体来说，资金成本主要影响银行的供给能力，而信息搜集、产权性质和银行对企业信任的差异则影响银行金融供给的意愿，大银行和中小银行金融供给意愿和金融供给能力的差异最终决定其服务对象的差异性，这两方面的原因共同决定了大银行和中小银行金融服务对象的差异性，大银行倾向于服务大企业，中小银行倾向于服务中小企业。

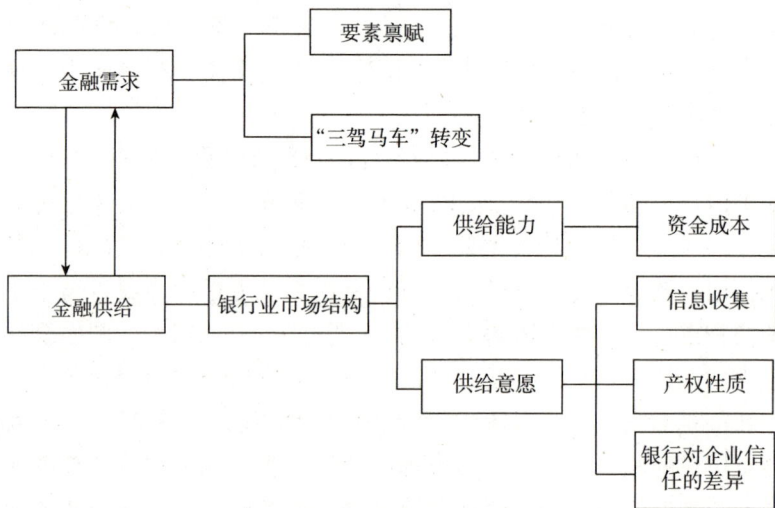

图2.6　金融需求与金融供给互动关系图

（资料来源：作者绘制）

中小企业作为中国最具活力的群体和国民经济的重要支柱，在"六稳"方面作用突出①，其企业数量占全国企业数量总数的99%，税收贡献超过50%，创造了60%的GDP、75%以上的技术创新和80%以上的新产品，而其

---

① "六稳"是指稳就业、稳金融、稳外贸、稳外资、稳投资、稳预期。

长期以来获得的正规金融支持严重不足，融资难、融资贵的问题长期存在。因此，加大与中小企业经济贡献相匹配的金融供给无疑是助推中国经济持续增长的有效途径。综上所述，针对中国当前的要素禀赋和经济结构，增加中小银行的市场份额能够有效促进经济增长（见图 2.7）。

图 2.7　银企"门当户对"逻辑分析图

（资料来源：作者绘制）

2. 银企无法实现"门当户对"的影响机理剖析

银企关系的"门当户对"是发挥中小银行比较优势的充分而非必要条件。结合中国银行业发展的实际，当前很多中小银行并未将更多的信贷资源配置给中小企业，反而将大部分信贷资源投向大企业和经济发达地区，中小银行"垒大户"现象严重，经济欠发达地区金融资源薄弱，本地服务意识淡薄。中小企业无法从"门当户对"的中小银行得到足够的金融资源，转而通过非正规金融渠道或者绕道商业银行获得金融服务，中小企业融资难、融资贵的现象持续存在，而中小银行"垒大户"现象的存在导致客户集中度过高，大额风险暴露严重存在，中小银行风险持续累积，加上当前中小银行与大银行之间密切的资产负债关系，中小银行风险严重时很可能诱发系统性金融风险[①]。因此，不难发现，中国中小银行当前并未实现前文理论分析中的银企"门当户对"，偏离了银企服务的最佳路径。

---

① 因为当前存在着明显的流动性分层，以及四大银行为代表的大银行核心存款多、中小银行核心存款少，因此中小银行重要的资金来源于四大银行的同业拆借，由此大银行与中小银行的资产负债关系密切。

金融需求决定金融供给，由供给能力和供给意愿决定的金融供给反作用于金融需求。当金融供给不能有效反作用于金融需求时，经济增长必定受到抑制，同时也会引起金融风险的累积（见图 2.8）。金融供给的无效，究其原因是金融供给能力和供给意愿的作用机制无法正常发挥。当然导致该现象的原因有很多，从金融市场参与主体和制度的角度分析，中小企业、中小银行、政府和征信体系等不完善是其主要原因。

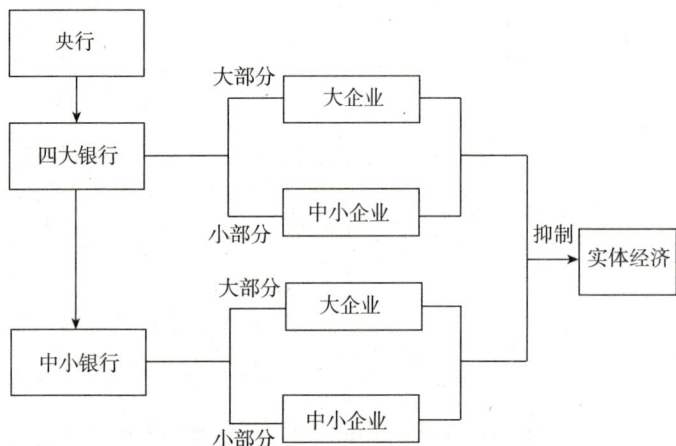

图 2.8　银企"门不当户不对"逻辑分析图

（资料来源：作者绘制）

第一，中小企业信息透明度不高和部分中小企业恶意逃废银行债务而产生的负外部性是难以实现银企匹配的重要原因。

相较于大企业，中小企业的信息透明度更差，影响了中小银行金融服务中小企业的积极性。中国中小企业的平均寿命仅为 3 年左右，远远低于美国的 8 年和日本的 12 年[①]，而且注册 3 年后的中小企业仍正常经营的概率仅有三分之一，因此对于中小企业贷款的风险是极高的。中小企业在有限的生存期内存在严重的信息不对称，为了应对税务、银行和企业内部股东设立了多套账簿，当应付税务部门缴税时，通过税务筹划的方式达到避税的目的；当中小企业为获得银行贷款时，有意粉饰自身的财务报表，尽可能满足银行审批贷款的相关要求；当然，当企业股东为了真实了解企业经营状况时，企业又会设立新的账簿。因此，企业申请贷款前的信息不对称程度越高，中小银行了

---

① 2018 年 6 月 14 日，在第十届陆家嘴金融论坛上，央行行长易纲在谈论金融如何支持中小企业时，列举数据称，美国的中小企业的平均寿命为 8 年左右，日本中小企业的平均寿命为 12 年，我国中小企业的平均寿命为 3 年左右。

解中小企业真实经营情况的难度越大，逆向选择的可能性越大，为中小企业提供金融服务的意愿也就越低。部分中小企业获得贷款后，并未按照银行的要求使用贷款，如一些中小企业将本该用于满足其短期流动性周转的贷款投资于固定资产或股票、期货等高风险等级产品，明显背离了贷款用途，银行贷款无法按时偿还，类似事件的道德风险加剧了中小银行的信用风险和流动性风险，最终降低了中小银行服务中小企业的积极性。

部分中小企业恶意逃废银行债务而产生的负外部性也是中小银行金融服务中小企业意愿不高的重要原因。在通常情况下，中小企业向银行申请贷款是为了缓解其在经营过程中的融资约束，但是也不难排除一些例外情况，有部分中小企业获得银行贷款后，恶意逃废银行债务，由此产生了严重的负外部性，给银行造成贷款损失的同时，也使中小企业整体信誉受损，其"示范作用"恶化了中小银行对中小企业的信任，加剧了中小企业群体融资难、融资贵的难题。

第二，中小银行公司治理不完善、银行信贷技术滞后、信贷流程不完善和资本充足率不高等也是银企难以完美匹配的重要原因。

中小银行公司治理不完善，影响了中小银行服务实体经济的效果。商业银行改革过程中，为了更好地提升中小银行的公司治理能力，国家逐步开展了股权多元化改革，引入民间资本和国外战略投资者，该举措很大程度上实现了政策的初衷，但仍存在一些问题。与国有大型商业银行相比，中小银行，尤其是城市商业银行、农村商业银行和村镇银行等地方性商业银行的公司治理机制还很不完善，部分中小银行成了民营控股股东的"提款机"，中小银行风险积累明显增加。民营控股股东为了更好地支持其控制的实体企业资产规模不断扩张，积极参与中小银行的股权多元化改革，通过参股或直接控股中小银行，进而影响其贷款投向。如由"明天系"控股的包商银行和锦州银行就是典型的案例，包商银行大量贷款被其控股股东"明天系"企业长期占用，由于"明天系"企业大规模扩张，很多贷款无法按时归还，导致包商银行信用风险的过度积聚，并进一步演化为信用危机，最终被中国人民银行和中国银保监会依法监管，成为继海南发展银行（1998 年被中国工商银行托管）被接管后的第二家商业银行。因此，由于中小银行公司治理机制的滞后发展，导致包商银行和锦州银行在内的多家中小银行被民营控股股东"掏空"，如此产融结合的方式既不利于中小银行长期稳定发展，也与当初国家的政策初衷背道而驰，诱发了信用风险，其信贷资金没有如愿支持中小企业的发展。

  Berger 和 Udell（1995）将信贷技术分为财务报表、抵押担保、信用评分和关系型贷款四种，囿于中国信用评级发展滞后，关系型贷款还处于起步和发展阶段，因此现阶段我国的信贷技术依旧以财务报表和抵押担保为主，而这两种信贷技术恰好与财务报表完善且资产规模庞大的大企业相匹配，与中小企业轻资产经营的特点不符。银行过多关注企业历史，仅通过现有的抵押物和过去经营状况进行判断，而不用发展眼光关注中小企业的治理结构、技术和产品的市场前景等，最终导致银行信用贷款数量和份额明显不足，滞后的信贷技术为中小银行金融服务中小企业构筑起壁垒，限制了中小企业成长潜能，不利于经济社会的可持续发展。

  中小银行信贷流程的不完善，即贷前评估、贷中监管和贷款管理还存在诸多制度漏洞，无法有效降低逆向选择和道德风险，限制了其服务中小企业的能力。相较于大银行完善的业务评估和风险防控系统，中小银行的信贷评估模型和风险防控能力明显不占优势，贷前对高风险的中小企业评估有限，贷款过程中又较难做到有效监督，贷款后如果出现风险，而其风险处置和应变能力不足时，将不利于其为中小企业提供金融支持。

  中小银行的资本充足率不高、资本补充渠道有限也制约了其信贷进一步扩张的能力。为了更好地促使商业银行实现稳健经营，巴塞尔委员会出台了巴塞尔系列监管协议，中国银保监会也在此基础上制定了适合中国银行业发展情况的相关标准，而银行监管的核心是资本监管。资本充足率=资本/表内外风险加权资产。鉴于之前部分中小银行存在"垒大户"的现象，即客户集中度高的问题，因此在前期大中企业贷款占用较多资本的前提下，如果分子项——资本不增加，那么必然限制中小银行信贷扩张的能力。以大型国有商业银行为代表的大银行都已完成股改并且实现上市融资，既可以通过股票市场融资补充资本，也可以通过发行债券补充资本；而小银行的资本补充渠道相对有限，上市的中小银行数量凤毛麟角，通过股票市场融资对于大多数中小银行来说难以实现，仅仅能够通过发行债券或股东增资的方式补充资本，这必然限制了其业务回归本源、支持中小企业信贷投放的能力。

  此外，中小银行片面追求短期利润与价值最大化，也是中国当前本就数量和占比较少的中小银行并未实现银企服务"门当户对"的重要原因。中小银行普遍存在"垒大户"的重要原因在于片面追求利润最大化，即为大中企业贷款可获得规模报酬，而零散的中小企业贷款规模无此优势，短期看，表面上中小银行获得了利润，但为大企业贷款明显违背了中小银行的比较优势，不可持续。此外，在大企业被大银行瓜分完毕的情况下，中小银行背离自身比较优势去和大银行争抢大企业客户明显是不理性的，位于客户长尾区的中小企业群体短期看每个中小企业金融服务所获得的利润贡献较少，但是中小企业数量庞大，如果能满足更多中小企业差异化金融服务，长期来看，中小银行的利润前景颇丰。

第三，政府干预，担保制度和差异化监管制度的不完善也是掣肘中小银行金融服务意愿不高的关键要素之一。

在中国国有经济主导的背景下，政府干预严重影响了金融资源的配置效率。1994 年分税制改革后，地方政府"财权"与"事权"不匹配程度更加严重，地方政府"事权"较多，而地方财力有限，再加上地方官员之间"政治锦标赛"的影响，很多地方政府存在短期经济增长最大化的激励。在此激励作用下，国有经济占比较多的地区，国有企业在经济增长、吸纳就业和税收创造等方面承担了更多的社会责任，那么地方政府通过帮助国有企业发展能够很好地实现上述目标，同时地方官员的晋升也与地方经济增长密切相关，此种政府倾向于扶持国有企业发展的"特惠模式"必然带来更多资源配置的政府干预，更多信贷资源流入国有大企业，而中小企业所获得的金融支持相对有限。

中小企业长期融资难、融资贵的问题无法得到有效缓解，究其本质，是市场资源配置失灵的体现，因此政府的作用至关重要。中国现有的信贷技术依然以财务报表型和担保抵押型为主，在信贷技术难以取得较大突破的前提下，由于政府担保制度的不完善，尚未建立各级政府主导的担保基金，由此造成银行信贷风险分担机制的缺失，因此，中小银行金融服务中小企业的积极性并不高。

差异化监管制度的不完善也影响了中小银行为中小企业提供"门当户对"的效果。就资本监管而言，如果监管当局为大企业和中小企业同信用等级贷款赋予相同的风险权重，那么作为理性经济人的中小银行为大企业提供信贷支持的意愿更高，且忽视了中小企业的信贷需求。就不良贷款率而言，中小企业经营的高风险性决定了银行不良贷款率较高，如果监管当局对于中小银行和大银行制定相同的不良贷款率要求，那么必然抹杀中小银行服务中小企业的积极性，因此，在这方面的差异化政策，监管当局还有很大的探索空间。

第四，社会信用体系不完善也是中小银行无法有效对接中小企业的重要外部原因。

我国正逐步完善社会信用体系，2004 年，隶属于中国人民银行的中国人民银行征信中心成立，主要负责建设、运行和维护全国统一的企业和个人征信系统。中国人民银行征信中心搜集的企业和个人信用范围较广，截至 2019 年 4 月底，征信系统共收录企业和其他组织 2 730.4 万户，其中有信贷记录的企业和其他组织 908.4 万户，收录自然人 9.93 亿，其中有信贷记录的自然人 5.4 亿，收录的中小企业近 1 500 万户，其中有信贷记录的中小企业 350 万户，拥有信贷记录的中小企业仅占收录中小企业的 23.33%，这在一定程度上也反映了中小企业融资便利性并不高，还有很大的提升空间。对于中小企业的信用信息主要包括企业的五大类基本信息，即包括机构名称、统一社会信用代码和法人代表等在内的基本信息；包括贷款、保理、票据贴现和信用证等在内的信贷信息；包括信用保证保险和贸易信用险在内的信用保险类信息；包括约定回购式证券和股票质押式回购在内的证券融资信息；以及包括法院失信被执行人、行政处罚和欠缴水电费在内的非信贷信用信息。征信系统的本质是建立一种"守信激励、失信惩戒"的激励约束机制，信用记录良好的企业能够更容易获得信贷支持，同时也能有效降低信贷成本，而失信企业贷款可得性下降，相应也提高了其融资成本。

企业征信是典型的"俱乐部物品"，兼具排他性和非竞争性，即随着消费者数量增加，边际成本不变而边际效用递减。以买方边际效用为基准定价容易造成消费者"搭便车"，进而引起需求缺位；而以卖方边际成本为基准定价会导致生产成本无法弥补，进而引起供给短缺。因此，具有俱乐部物品性质的企业征信必须将产品限定于特定的消费者，这样供给方才有激励去生产和提供产品，实现企业征信供需的有效衔接和企业征信市场的可持续发展（西顺，2007）。中国人民银行征信中心提供的企业征信是典型的政府主导型征信机构，能够有效弥补企业征信的不足，但存在的问题就是政府主导而非市场主导的产品提供会存在激励不足的问题，因此，发展第三方介入的信用中介势在必行。到目前为止，国内第三方信用中介逐渐发展起来，其中规模较大的有中诚信、东方金诚国际、联合和大公国际，虽然四家信用评级公司在提高企业信息透明度、缓解企业和投资者信息不对称方面发挥了较大的作用，但是国内的信用评级机构与享誉全球的国际信用评级机构标普、穆迪和惠誉还存在很大的差距，同时征信体系还存在诸多问题，如国内信用评级中介使用的评级方法不统一、信用评级专业人才缺失和征信立法缺失等。社会信用体系的不完善限制了商业银行信贷技术的使用范围，仅能依靠财务报表型、抵押担保型和关系型贷款，信用贷款的数量和占比明显受限。

综合来看，正是中小银行自身原因和社会征信体系的不完善抑制了中小银行的金融供给能力，中小企业信息透明度较低、政府干预和差异化监管制度不完善等多方面的原因造成中小银行供给意愿的下降，两方面原因造成当前银企无法完美实现相互匹配，现有中小银行信贷资源配置效率还有很大的提升空间（见图 2.9）。

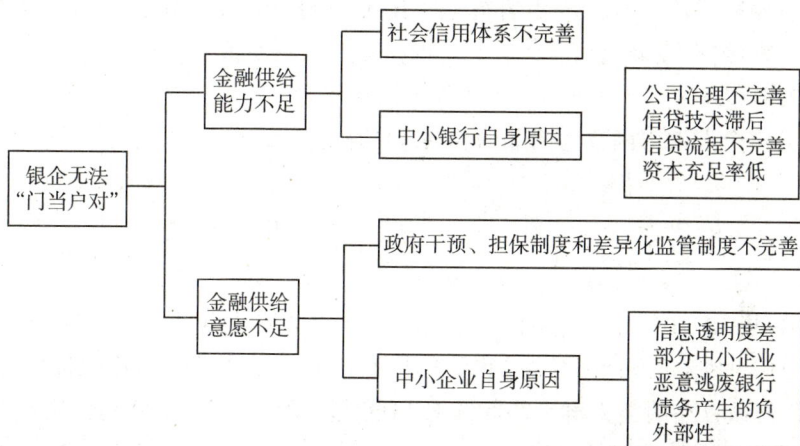

图 2.9　金融供给能力和供给意愿不足导致银企无法"门当户对"逻辑分析图

2.3.3　银行业市场结构影响经济增长直接渠道的数理建模

上一小节研究发现，当前中小企业在国民经济中的作用突出，但融资难题长期无法得到有效缓解，大银行和中小银行金融供给能力和金融供给意愿的差异决定了为中小企业提供"门当户对"金融服务的金融机构为中小银行，那么增加中小银行市场份额是缓解中小企业融资难题、促进中国经济增长的有效途径之一。为进一步探究银行业市场结构对中国经济增长的直接影响效应，本书在借鉴 Song 等（2011）和赵文生（2019）理论模型的基础上，构建了包含大企业、中小企业、大银行、中小银行、大企业职工、中小企业职工和中小企业总经理七部门的理论模型。

1. 基本假设

假设一个地区的总人口为 1 人，其中中小企业职工人数占总人口的比率为 λ_t，大型企业职工人数占总人口的比重为（$1-\lambda_t$）。中小企业归属于企业家，且雇佣自己的子女负责管理企业，子女是企业的总经理，为实现高效运营，企业家按照总产出的比例 φ（$0<\varphi<1$）来支付经理人报酬以实现激励

相容。假设中小企业的管理人员占比很小，企业家的子女继承企业。大型企业控股或参股商业银行，大型企业施行委任制。银行员工数与大型企业管理人数在总人口中占比很小，且不是本文分析的重点，因此，本文未将其纳入模型考察。本书建立 OLG 模型进行分析，假设出生率和死亡率相等，即总人口不变。每个人在年轻时提供 1 单位劳动，获得的劳动报酬在第一期有两种选择，即储蓄和消费。而在第二期，个人不提供劳动，仅能消费第一期的储蓄和利息。

2. 个人偏好

假定个人效用函数为两期的相对风险厌恶不变：

$$U_t = \frac{c_{1t}^{1-\frac{1}{\theta}} - 1}{1 - \frac{1}{\theta}} + \beta \frac{c_{2t+1}^{1-\frac{1}{\theta}} - 1}{1 - \frac{1}{\theta}}, \ \beta = \frac{1}{1+\rho}, \ \theta > 0, \ \rho > -1 \qquad (2.10)$$

在式（2.10）中，c_{1t} 和 c_{2t} 分别表示年轻人和老年人在 t 时期的消费；$1/\theta$ 为相对风险厌恶系数；折现因子 $\beta = 1/(1+\rho)$；消费 c_t 的跨期替代弹性为 θ。假设存在两类人群，高收入者和低收入者，θ_h 与 θ_1 分别代表高收入者与低收入者的跨期替代弹性。

3. 技术

将中国的企业按照规模分为两类：大企业和中小企业。两类企业存在以下特点：第一，中小企业与大企业生产率存在明显差异；第二，中小企业职工工资低于大企业职工工资。假设中小企业职工工资为 w_t，而大企业为 ωw_t（$\omega > 1$）[①]。中小企业生产效率为大企业生产效率的 x（$x > 1$）倍[②]。基于本文银企规模相匹配的研究目的，将中国商业银行分为大银行和中小银行，鉴于大银行和中小银行在信息搜集、产权、经营成本以及对不同企业信任的差异性，大银行更倾向于服务大企业（b），中小银行更倾向于服务中小企业（s）。假定两类企业的生产函数为 Cobb-Douglas 形式，且技术进步 A 为 1。由以上条件可得如下生产函数：

---

① 根据国家统计局 2019 年公布的最新数据显示，2018 年全国规模以上企业就业人员年平均工资为 68 380 元，城镇私营单位就业人员年平均工资为 49 575 元，城镇非私营单位就业人员年平均工资为 82 413 元，如果将规模以上企业和非私营企业归为大企业，私营单位归为中小企业，大企业职工的平均工资明显高于中小企业。

② 中小企业和民营企业分别是从企业规模与企业资本组织形式进行的分类。在中国，中小企业中很大比例的企业属于民营企业，截至 2017 年 9 月，民营企业数量已占市场主体数量比重约 95%，占企业数量的 89.7%。民营企业与中小企业的平均生产效率高于大型企业和国有企业，因此与 Song 等（2011）、田国强和赵旭霞（2019）的研究一致，假定 $x > 1$。

$$y_{st} = k_{st}^{\alpha}(1 - \lambda_t)^{1-\alpha} \tag{2.11}$$

$$y_{bt} = k_{bt}^{\alpha}(1 - x\lambda_t)^{1-\alpha} \tag{2.12}$$

在式（2.11）和式（2.12）中，y 与 k 分别表示产出和资本，λ_t 与 $1-\lambda_t$ 分别表示中小企业与大企业劳动力数量。大企业职工的劳动报酬为 ωw_t，通过选择消费和储蓄来实现效用最大化。商业银行存款毛利率为 R^d（$R^d = 1+r^d$，r^d 为净利率）。

4. 大企业职工与中小企业职工效用最大化

大企业职工的效用最大化可表示为：

$$\max_{c_{1t}^b,\ c_{2t+1}^b}\left(\frac{c_{1t}^{1-\frac{1}{\theta_h}} - 1}{1 - \frac{1}{\theta_h}} + \beta\frac{c_{2t+1}^{1-\frac{1}{\theta_h}}}{1 - \frac{1}{\theta_h}}\right) \tag{2.13}$$

约束条件为：

$$c_{1t}^b + \frac{c_{2t+1}^b}{R^d} = \omega w_t \tag{2.14}$$

构建拉格朗日函数：

$$\Gamma(c_{1t}^b,\ c_{2t+1}^b) = \left(\frac{c_{1t}^{1-\frac{1}{\theta_h}} - 1}{1 - \frac{1}{\theta_h}} + \beta\frac{c_{2t+1}^{1-\frac{1}{\theta_h}}}{1 - \frac{1}{\theta_h}}\right) + \varphi\left(\omega w_t - c_{1t}^b - \frac{c_{2t+1}^b}{R^d}\right) \tag{2.15}$$

然后分别求解式（2.15）关于 c_{1t}^b、c_{2t+1}^b 和 φ 的一阶偏导数，可得：

$$c_{1t}^b = \beta^{-\theta_h}(R^d)^{1-\theta_h}[1 + \beta^{-\theta_h}(R^d)^{1-\theta_h}]^{-1}\omega w_t \tag{2.16}$$

$$c_{2t+1}^b = [1 + \beta^{-\theta_h}(R^d)^{1-\theta_h}]^{-1}\omega w_t R^d \tag{2.17}$$

第一期储蓄的本利和等于第二期的消费，所以大企业职工的储蓄为：

$$s_t^b = c_{2t+1}^b/R^d = [1 + \beta^{-\theta_h}(R^d)^{1-\theta_h}]^{-1}\omega w_t \tag{2.18}$$

令：

$$s_h = [1 + \beta^{-\theta_h}(R^d)^{1-\theta_k}]^{-1} \tag{2.19}$$

因此有：

$$s_t^{wb} = s_h\omega w_t \tag{2.20}$$

同理，中小企业职工 t 期的消费和储蓄可表示为：

$$c_{1t}^s = \beta^{-\theta_1}(R^d)^{1-\theta_1}[1 + \beta^{-\theta_1}(R^d)^{1-\theta_1}]^{-1}w_t \tag{2.21}$$

$$s_t^{ws} = s_1 w_1 \tag{2.22}$$

5. 商业银行

商业银行负债来源于居民储蓄，商业银行资产主要由企业贷款构成。相较于大企业，中小企业获得银行贷款的难度更大，所支付的成本更高。囿于中小企业可抵押的固定资产较少，因此，中小企业若想获得贷款，需要将第二期净利润的 δ 作为抵押。假设商业银行的贷款利率表示为 $R^1 = R^d / (1-\xi)$，其中 ξ 为企业需要额外承担的成本①。

6. 大企业与中小企业的利润最大化

大企业利润最大化的问题可表示为：

$$\Gamma(k_{bt}^{\alpha}, 1 - \lambda_t) = \max_{k_{bt}^{\alpha}, (1-\lambda_t)} \left[k_{bt}^{\alpha}(1 - \lambda_t)^{1-\alpha} - k_{bt}^{\alpha}R^1 - \omega(1 - \lambda_t)w_t \right]$$

（2.23）

对式（2.23）分别求关于 k_{st} 和 $1-\lambda_t$ 的一阶偏导数，整理可得：

$$w_t = \frac{1}{\omega}(1 - \alpha)\left(\frac{\alpha}{R^1}\right)^{\frac{\alpha}{1-\alpha}}$$

（2.24）

$$k_{bt} = \frac{1}{\omega}(1 - \lambda_t)\left(\frac{\alpha}{R^1}\right)^{\frac{1}{1-\alpha}}$$

（2.25）

同理，关于中小企业利润最大化的问题可表示为：

$$\Gamma(k_{st}) = \max_{m_t, \lambda_t}\left[k_{st}^{\alpha}(x\lambda_t)^{1-\alpha} - m_t - \lambda_t w_t \right]$$

（2.26）

中小企业经理获得激励相容的报酬 m_t，表示为：

$$m_t = \varphi k_{st}^{\alpha}(x\lambda_t)^{1-\alpha}$$

（2.27）

则式（2.26）可以改写为：

$$\Gamma(k_{st}) = \max_{\lambda_t}\left[(1 - \varphi)k_{st}^{\alpha}(x\lambda_t)^{1-\alpha} - \lambda_t w_t \right]$$

（2.28）

求解式（2.28）关于 λ_t 的一阶偏导数，同时结合式（2.24）整理可得：

$$\lambda_t = \left[(1 - \varphi)\omega x \right]^{\frac{1}{\alpha}}\left(\frac{R^1}{\alpha}\right)^{\frac{1}{1-\alpha}}\frac{k_{st}}{x}$$

（2.29）

将式（2.29）代入式（2.28）可得：

$$\Gamma(k_{st}) = \left[(1 - \varphi)\omega x \right]\frac{1}{\alpha}R^1 k_{st} = \rho_s k_{st}$$

（2.30）

在式（2.30）中，ρ_s 表示中小企业的资本收益率，假设资本收益率能

---

① 按照 Song 等（2011）模型的设定，因为本文不考虑金融摩擦和交易成本，因此假设 ξ 等于 0。

够覆盖贷款利率，即 $\rho_s > R^1$。

7. 中小企业总经理行为

中小企业的总经理是董事长的后代，总经理第二期将成为董事长。因此，理性的总经理将把自身所有的储蓄投入企业，如果企业资金不充足，则选择从商业银行贷款，即 $k_s = s_{st-1} + 1_{st+1}$，$s_{st-1}$ 表示总经理的储蓄，该储蓄并未存入商业银行。假设中小企业每一期的资本都完全折旧，第二期生产时必须重新投资。中小企业因为可抵押的固定资产有限，因此将第二期净利润的 δ 作为抵押，那么总经理贷款时激励相容的条件为 $R^1 1_s \leq \delta \rho_s$ $(s_s + 1_s)$，否则中小银行拒绝提供贷款。中小企业获得最多贷款时的条件为 $R^1 1_s = \delta \rho_s$ $(s_s + 1_s)$，此时可以得到：

$$1_s = \frac{\delta \rho_s}{R^1 - \delta \rho_s} s_s \qquad (2.31)$$

总经理的效用最大化问题变为：

$$\max_{s_s} = \frac{(m_t - s_t)^{1 - \frac{1}{\theta_h}} - 1}{1 - \frac{1}{\theta_h}} + \beta \frac{\left(\frac{(1 - \delta)\rho_s R^1}{R^1 - \delta \rho_s}\right)^{1 - \frac{1}{\theta_h}} - 1}{1 - \frac{1}{\theta_h}} \qquad (2.32)$$

约束条件为：

$$c_1 = m_t - s_s \qquad (2.33)$$

$$c_2 = \frac{(1 - \delta)\rho_s R_s^1}{R^1 - \delta \rho_s} s_s \qquad (2.34)$$

进而求得最优储蓄为：

$$s_t^m = \left\{ 1 + \beta^{-\theta_h} \left[\frac{(1 - \delta)\rho_s R_s^1}{R^1 - \delta \rho_s} \right]^{1 - \theta_h} \right\}^{-1} mt \qquad (2.35)$$

令：

$$s_t^m = \left\{ 1 + \beta^{-\theta_h} \left[\frac{(1 - \delta)\rho_s R_s^1}{R^1 - \delta \rho_s} \right]^{1 - \theta_h} \right\}^{-1} \qquad (2.36)$$

中小企业获得的商业银行贷款为：

$$1_s = \frac{\delta \rho_s}{R^1 - \delta \rho_s} s_m m_t \qquad (2.37)$$

8. 人均产出与人均贷款

人均总产出由大企业的人均产出与中小企业的人均产出构成：

$$y_t = y_{bt} + y_{st} = \left(\frac{\alpha}{R^1}\right)^{\frac{\alpha}{1-\alpha}} + \lambda_t \left(\frac{\alpha}{R^1}\right)^{\frac{\alpha}{1-\alpha}} \left[\frac{1}{\omega(1-\varphi)} - 1\right] \quad (2.38)$$

同理，商业银行的总人均贷款由大企业的人均贷款与中小企业的人均贷款构成：

$$1_t = 1_{bt} + 1_{st} \quad (2.39)$$

假设大企业的贷款全部来自大银行，大企业的资本折旧为 v，因此可得：

$$1_{bt} = v k_{bt} = v(1 - \lambda_t) \left(\frac{\alpha}{R^1}\right)^{\frac{1}{1-\alpha}} \quad (2.40)$$

由中小企业资本构成等式 $k_s = s_{st-1} + 1_{st-1}$，式（2.29）和式（2.37）整理可得中小企业的人均贷款：

$$1_{st} = \frac{\delta \rho_s}{R^1} k_{st} = \lambda_t \left(\frac{\alpha}{R^1}\right)^{\frac{1}{1-\alpha}} \frac{\delta}{\omega} \quad (2.41)$$

假设中小银行人均贷款在商业银行总人均贷款的占比为 τ，则大企业的商业银行贷款占比为 $1-\tau$，可写为：

$$\frac{1_{bt}}{1_{st} + 1_{bt}} = \frac{v(1-\lambda_t)}{v - v\lambda_t + \frac{\delta}{\omega}} = 1 - \tau \quad (2.42)$$

式（2.42）可以转化为：

$$\lambda_t = \frac{v\tau}{\frac{\delta}{\omega} + \tau v - \tau \frac{\delta}{\omega}} \quad (2.43)$$

将式（2.43）代入式（2.38），整理得：

$$y_t = y_{bt} + y_{st} = \left(\frac{\alpha}{R^1}\right)^{\frac{\alpha}{1-\alpha}} + \left(\frac{\alpha}{R^1}\right)^{\frac{\alpha}{1-\alpha}} \left[\frac{1}{\omega(1-\varphi)} - 1\right]\left[\frac{v\tau}{\frac{\delta}{\omega} + \tau v - \tau \frac{\delta}{\omega}}\right]$$

$$(2.44)$$

那么人均总产出 y 对中小企业贷款占比 τ 的一阶偏导数为：

$$\frac{\partial y}{\partial \tau} = \frac{v\left(\frac{\delta}{\omega} + \tau v - \tau \frac{\delta}{\omega}\right) - \tau v\left(v - \frac{\delta}{\omega}\right)}{\left(\frac{\delta}{\omega} + \tau v - \tau \frac{\delta}{\omega}\right)^2} = \frac{\frac{v\delta}{\omega}}{\left(\frac{\delta}{\omega} + \tau v - \tau \frac{\delta}{\omega}\right)} > 0$$

$$(2.45)$$

由式（2.45）可知，人均总产出关于中小企业贷款占比 τ 的一阶偏导数大于 0。

诚然，上述数理建模基本符合中国当前的经济特征，按照规模划分，商业银行有大银行与中小银行之分，企业有大企业与中小企业之分。大银行以四家资产规模最大的国有大型商业银行为代表，中小银行则以股份制商业银行、城市商业银行和农村商业银行等为代表；企业由大企业和中小企业构成，中小企业数量多、占比大、在国民经济中的贡献突出，中小企业在税收、GDP 创造和技术创新方面的贡献率分别为 50%、60% 和75%。但大企业和中小企业融资便利性差异显著①，因中国现行的贷款技术滞后，仍以抵押贷款为主，大企业的资产规模庞大，可用于抵押的资产较多，因而获得信贷支持较为容易；而中小企业资产规模有限，可用于抵押的资产较少，融资便利性明显不足，只有在理想的情况下，可以选择将第二期的净利润按照一定比例抵押而获得少量贷款，正如式（2.31）所示，因此中小企业获得的信贷支持明显不足。中小企业在国民经济中所做贡献与其获得的信贷支持不对称性显而易见，因此亟须加大对中小企业的信贷支持，以更好地促进中小企业发展、更多地释放经济增长潜能和促进经济增长。

在理想情况下，假设大企业的贷款全部由大银行提供，中小企业的贷款全部由中小银行来提供。由式（2.45）可知，随着中小企业获得的贷款占比提高，即中小银行贷款市场份额的提高（银行业市场结构的改善），人均产出代表的经济增长呈递增的趋势。但现实情况距离能有效促进经济增长的银企规模匹配模式尚存差距。首先，与中小企业金融需求所匹配的中小银行数量和市场份额有待进一步提升；其次，在数量有限且市场份额较低的中小银行中，部分城市商业银行与农村商业银行存在脱离主责主业和"垒大户"的问题。鉴于此，对于中国银行业市场结构改革的思路，一方面，要利用好中小银行增量，放宽中小银行的市场准入，增加中小银行数量，提高中小银行市场份额；另一方面，也要合理利用中小银行存量，引导现有的中小银行业务逐步回归本源，聚焦本地经济和中小企业，以此更好地促进经济增长。理论模型分析具有一定的合理性，还有待经验数据的进一步验证。

---

① 根据中国银行保险监督管理委员会的最新数据显示，截至 2019 年第三季度，银行业金融机构总资产为 2 846 673 亿元，其中对小微企业的贷款为 113 081 亿元，小微企业贷款占银行业金融机构的比重仅为 3.97%，明显与中小企业的经济贡献不匹配。

2.3.4　银行业市场结构影响经济增长的资本积累渠道

发展经济学家认为，生产一方面需要自然条件，另一方面也离不开劳动力和资本等生产要素。自然条件主要影响农业生产，对工业生产并不起决定作用。发展中国家的劳动比较丰裕，自然不会成为经济增长的约束条件。因此，在 20 世纪 60 年代之前，早期的发展经济学家如纳克斯（Nurkse）、纳尔逊（Nelson）和缪达尔（Myrdal）等认为资本积累的多寡成为许多发展中国家经济增长的决定性因素之一①。

资本积累一般分为两个环节，即资本的形成环节和资本的使用环节。具体来说，资本形成环节主要聚焦资本的来源——储蓄的形成，而资本的使用环节则主要聚焦储蓄向投资转化的机制，该环节是资本形成的核心环节。

关于资本形成的来源，国外学者主要围绕居民储蓄和企业利润展开讨论。部分学者认为，资本形成来源于居民储蓄，主要代表人物有凯恩斯、莫迪利安尼和弗里德曼等人，并未考虑利润向资本转化的问题。还有学者提出了不同观点，刘易斯在《经济增长理论》中认为，资本形成的唯一来源是企业利润。无论是居民储蓄，还是企业利润，二者无疑均是资本积累的重要来源，但也存在着一定不足。杨思群（1998）结合马克思《资本论》以及西方学者关于资本形成的论述，进一步丰富了资本形成来源，将资本来源归纳为居民、企业、政府和国外四部门的储蓄。

关于资本使用环节的讨论，杨思群（1998）对资本转化机制进行了详细的分类和论述，依据转化方式可以分为直接和间接转化机制，依据转化中的媒介主体可分为财政和金融转化机制。在经济发展早期，直接转化机制发挥主要作用，但直接转化机制的弊端暴露无遗，储蓄转化为投资的效率很低，对经济增长的促进作用有限。随着经济发展水平的提高，有了政府部门和金融部门，但此时的金融部门发展水平仍然很低，主要是作为政府部门的附庸而存在，储蓄向投资的转化主要依靠政府部门来实现，这一阶段与我国改革开放前的发展阶段相对应。相较于资本直接转化的发展阶段，改革开放前期的发展借助政府这一媒介提高了储蓄转化为投资的效

---

① 纳克斯（Nurkse）于 1953 年提出了"贫困恶性循环"理论，纳尔逊（Nelson）于 1956 年提出了"低水平均衡先进"理论，缪达尔（Myrdal）于 1957 年提出了"循环累积因果关系"理论，三种理论的共同之处在于强调资本对经济增长的重要作用，认为资本匮乏是发展中国家陷入持久贫困的根本原因。

率，促进了当时生产力水平的提高和经济增长的发展。与此同时，政府调节资本转化机制也存在诸多弊端，政府部门作为行政管理部门，并不直接参与企业的生产和经营，在调节过程中难免存在很多信息盲区。因此，以政府部门或者财政转化机制为代表的间接转化机制亟须转变，金融转化机制应运而生。

现代经济发展中，随着财政转化机制作用的日渐式微，以金融转化机制为代表的间接转化机制逐步演化为资本转化的主导机制。金融转化机制有直接金融与间接金融之分，发展中国家的资本市场起步晚、发展水平不高，因此间接金融转化仍是金融转化的关键。戈德史密斯（Goldsmith）关于发达国家金融结构的相关研究成果，为发展中国家金融发展指明了方向——金融资产多样化和金融机构的差异化，以及银行业市场结构的调整。

银行业市场结构的调整通过储蓄形成和储蓄向投资转化两种途径影响资本积累，进而影响经济的长期均衡。

首先，在储蓄形成方面，中小银行数量的增加与市场份额的提升能够有效聚集社会闲散资金，拓宽了资本积累的物质来源，进而助推经济增长。改革开放以来，国有大型商业银行经历了由分支机构扩张到收缩的过程，其背后的动因，制度金融学给出的解释是国家控制金融成本与收益的比较，当国家控制金融的收益大于成本时，国有大型商业银行呈不断扩张的趋势，而当国家控制金融的收益小于成本时，国有大型商业银行分支机构则不断收缩（张杰，2011），由此造成了以国有大型商业银行为代表的大银行其分支机构大多分布于经济发达的东部地区和城市行政等级较高的地区，在经济欠发达地区和县域分布很少，因此，大银行主要从经济发达地区和城市行政等级高的大企业和收入水平较高的居民当中吸收存款。与之相反，中小银行多分布于欠发达地区和行政等级低的地区，股份制商业银行因其可以全国布局，所以吸收存款的渠道相对较多，而以城市商业银行和农村商业银行为代表的地方性中小银行一般仅布局于有限区域，即经济欠发达地区和县域、城镇、农村等行政等级较低的地区，这些地区中小企业众多，居民收入水平相对较低，但都是中小银行储蓄的重要来源。因此，中小银行可以利用自身的区位优势，将这些来源广、金额较小的资金充分吸纳起来并投入当地经济发展，加速中小企业的资本积累，进而促进当地经济的可持续发展。

银行业市场结构还可以通过利率市场化的深入推进，加速资本积累和经济增长。与竞争型银行业市场结构相比，垄断型银行业市场结构利用自身的垄断势力来压低存款利率，降低居民、企业和政府等部门的储蓄意愿，抑制了储蓄的形成，资本积累缺乏充足的物质来源。增加中小银行数量和提高中小银行市场份额无疑是扭转这种局面的有效手段，随着中小银行数量的增加和市场份额的提升，原有大银行的垄断势力被明显削弱，资金价格（利率）的市场化程度也随之提高，企业、居民和政府等部门的储蓄意愿进一步提升，资本积累的物质来源也进一步充实。

诚然，银行业市场结构并非影响资本形成的唯一因素，通货膨胀、风俗习惯和宗教信仰等也是影响资本积累的重要因素（谭崇台，2008）。许多发展中国家都面临通货膨胀的难题，人们会争相抢购商品来规避货币进一步贬值的风险，因此高水平的通货膨胀不利于居民和企业的储蓄。为了激励企业和居民储蓄的形成，保持币值稳定也就成了货币政策目标的应有之义①。

风俗习惯也是影响储蓄形成的重要因素，以超前消费为价值理念的国家和地区不利于储蓄的形成，而以勤俭节约为价值理念的国家和地区有利于储蓄的形成。从横向来看，欧美国家的价值理念以超前消费为主，因此限制了储蓄的形成；而受儒家节俭文化影响的中国、日本和新加坡，居民的储蓄意愿相对更强，有利于资本的形成。从纵向来看，中国居民的价值理念发生了很大转变，随着改革开放的不断深入，国内外经济和技术交流更为密切，同时欧美的超前消费理念也传入中国，影响了很多人的价值理念。由于受到超前消费理念的影响，部分居民（尤以年轻人居多）收入中消费的比重大大增加，而储蓄的比重不断下降，抑制了中国资本的形成。

宗教信仰也是影响储蓄形成的重要因素之一，信仰伊斯兰教的国家认为，利息获取是不道德的，在这种思想观念的影响下，苏丹和巴基斯坦分别于1984年、1985年先后取消了银行利息，很多伊斯兰国家纷纷效仿，抑制了这些国家资本的形成。因此，在变革银行业内部结构的同时，也要关注通货膨胀、风俗和宗教信仰等因素对资本形成的影响。

其次，在储蓄向投资转化方面，中小银行数量的增加与市场份额的提升能够不断加大对中小企业的金融支持，有效满足中小企业融资需求，不断提升投资转化率和投资效率，进而促进经济增长。

---

① 2019年12月1日，易纲行长在《求是》发表文章《坚守币值稳定目标 实施稳健货币政策》，文中指出，守护好老百姓手里的钱，保持币值稳定，并以此促进经济增长，不能让老百姓手里的票子变"毛"了，不值钱了。因此，资本形成一方面需要银行业市场结构的转变，另一方面也需要稳健货币政策的支持，否则势必影响企业和居民储蓄的形成。

一方面，从监督成本来看，银行监督企业的成本与银企之间的地理距离呈正相关性。以国有大型商业银行为代表的大银行，其分支机构大多分布于城市中心，而以股份制商业银行、城市商业银行和农村商业银行为代表的中小银行，其分支机构既分布于城市中心，也广泛分布于社区、农村等城市边缘。因此，与大银行相比，中小银行分支机构与企业之间的距离更近，故中小银行对企业的监管成本更低，也更有利于储蓄向投资的转化。

另一方面，随着银企地理距离的邻近，银企信息不对称程度不断缓解，能够促进储蓄向投资的转化。企业融资问题必须与所处的金融环境相结合，银行业金融机构与企业、家庭的距离"邻近"，便利了生产、生活中支票转账和票据汇兑等各种金融交易活动，有效缓解了信息不对称带来的道德风险和逆向选择问题，便利了储蓄向投资的转化，进而提高了区域经济发展的活力与效率。

此外，银行内部分支机构距离的缩短能够加强银行内部信息传递效率，缓解银行决策机构与基层分支机构之间的信息不对称问题和委托代理问题（Alessandrini 等，2008）。中小银行的组织结构更加扁平化，基层分支机构距离决策机构的地理距离更近[①]，由此便利了信息在中小银行内部的传递，促进储蓄向投资的转化；而以国有商业银行为代表的大银行组织结构呈垂直型，基层分支机构距离决策机构的地理距离相对更远，因此在缓解中小企业融资、促进储蓄向中小企业投资转化方面效果不如中小银行。

2.3.5　银行业市场结构影响经济增长的创新渠道

人类社会发展的每一步都离不开科学技术进步的支持。科学技术滞后，教育水平较低，导致发展中经济体经济增长潜能无法完全释放，成为阻碍其经济增长的关键。为了最大限度地释放经济增长潜能，不断缩小与发达经济体的差距，促进创新，积极实施创新战略，是以中国为代表的很多发展中国家的内在要求（谭崇台，2015）。

创新有狭义和广义之分。狭义的创新限定为生产工艺的进步，及生产方式、生产设施和新产品等。而广义的创新将所有不能用资本、劳动和制度来解释经济增长的任何因素，都纳入创新囊括的范围。不难理解，广义的创新既包含了技术性因素，也包含了部分非技术性因素，如社会文化、

---

① 因为城市商业银行、农村商业银行为代表的中小银行的总行一般就在本省，因此总行与分支行之间的地理距离更近，信息传递更快，决策更高效，有利于储蓄向投资的转化。

历史传统和法律等。结合本文研究的实际，本书的创新是指包含了所有技术性因素和非技术性因素的创新，即广义的创新。在学术研究层面，根据资本要素和劳动要素投入影响程度的差异，可将创新分为劳动节约型、资本节约型和中性型三类，这是典型的希克斯分类标准①。而创新理论的鼻祖熊彼特（Schumpeter）将创新划分为五种类型，即产品创新、工艺创新、市场或服务创新、供应来源创新以及组织形式创新。在实践层面，2016 年《国家创新驱动发展战略纲要》颁布实施，对创新的具体内涵进行界定，囊括了科技、制度、管理、商业模式、业态和文化六个方面，是熊彼特创新分类在实践层面的进一步延伸。无论是熊彼特在学术层面对创新的分类，还是基于实践对创新分类，科技创新都是创新的重要内涵之一，科技创新的重大突破将对经济社会产生颠覆性影响。

如果将科技创新视为一个过程，熊彼特认为科技创新包括研发、技术创新和技术扩散三个环节。三个环节是一个相互重叠、相互作用的过程。

研发是科技创新的第一环节，其内涵是知识总量的增加以及运用知识产生新应用而开展的一系列创造性工作。研发是科技创新的基础和源头，没有研究与开发，新技术和新知识无法产生，自然无法实现新技术和新知识的商业化应用，技术创新难以实现。

技术创新的概念最早由熊彼特提出，是科技创新的第二环节，其内涵是将研究与开发应用于生产，实现技术与经济相结合的过程。

技术扩散是科技创新的第三环节，其内涵是新技术通过多种渠道被广泛应用，是创新助力经济增长的关键环节。在经济发展早期，发达经济体是研发、技术创新和技术扩散这三个阶段的参与主体，而发展中经济体囿于薄弱的技术基础，主要是技术扩散阶段的参与主体，通过引进和吸收发达经济体的新技术来促进本国经济的增长。随着发展中经济体消化吸收新技术能力的提升，发展中经济体技术基础不断提升，为进一步开展研发与技术创新奠定了基础，因此，发展中经济体参与创新三环节的程度不断加深。

经济增长的源泉在于创新。创新的动力来自哪里，熊彼特给出了明确的答案，即确立金融系统的中心地位，为创新提供源源不断的金融支持。在以中国为代表的新兴经济体中，金融体系以银行主导型居多，那么银行体系的内部结构合理会直接关系企业的创新效果（张杰等，2017）。改革开

---

① 当然，根据资本要素和劳动要素投入影响程度的差异，还有哈罗德分类标准和索洛标准。

放以来，随着经济体制改革的逐步深化，经济结构也相应发生了巨大变化，改革开放前国有经济单一结构的格局被彻底打破，集体所有制企业、外资企业和民营企业逐步成长并发展壮大起来，中国经济结构多元化程度日益提高。同时结合中国劳动力相对丰富的要素禀赋条件，以外向型为主导的中小企业大量涌现，其在国民经济中的作用日益凸显，在创新方面的表现更是抢眼，75%以上的技术创新和80%以上的新产品由其提供，但是融资难、融资贵的问题长期存在，在当前银行主导的金融市场条件下，银行业市场结构的不合理是关键原因，已有的中小银行"垒大户"现象严重，但增量的中小银行市场份额还有较大提升空间。

创新是引领经济发展的第一动力，同时又是金融发展影响经济增长的关键一环。长期来看，中国金融结构调整的关键在于大力发展资本市场，但囿于资本市场发展的复杂性、长期性和系统性等特点，因此，短期内难以借助资本市场满足中国中小企业创新的金融需求。所以，当前金融结构调整的重点在于银行业市场结构的调整。银行业市场结构的调整通过缓解银企之间信息不对称、缓解企业融资约束及熨平经济波动带来的冲击、促进长期良性银企关系的形成三方面来提升企业创新能力，进而促进经济增长。

一方面，银行业金融机构的功能之一在于缓解银企之间信息不对称（蒋先玲，2017），通过银行业市场结构的调整能够有效缓解银企之间的信息不对称程度（王柄权和李国平等，2018）。相较于大企业，中小企业的信息不对称程度更高（蔡竞和董艳，2016），而中小银行在甄别企业"软信息"方面更具比较优势。针对当前中小企业在创新方面的突出贡献，增加中小银行数量和比重对于缓解中小企业信息不对称至关重要（林毅夫和孙希芳，2008）。在信息不对称情况下，中小银行虽然在价格竞争力方面不具优势，但是在中小企业贷款定价方面优势凸显。

另一方面，银行业市场结构的调整通过提高中小企业融资可得性、降低融资成本的方式来支持企业创新，助推经济增长。企业作为创新主体，其研发周期较长，需要长期、稳定的资金投入，因此有效缓解企业的融资难题势必为企业创新提供不竭动力。相较于大企业，中小企业的融资约束问题更严重，且当前中国中小企业作为创新的主体，75%以上的技术创新和80%以上的新产品均来自中小企业，因此有效缓解中小企业的融资约束对于支持其创新的重要性不言而喻。随着中小银行数量的增加且占比的提升能够有效缓解中小企业的融资约束（林毅夫和孙希芳，2008）。与国有大型商业银行相比，以股份制商业银行和城市商业银行为代表的中小银行在所有权和组织结构等方面更具优势，对中小企业创新的金融支持力度更高。

此外，银行业市场结构的调整有利于熨平经济波动带来的冲击，以及形成长期良性的银企关系，进而促进经济增长。关系型融资主要聚焦于中小企业和初创企业，这些企业信息透明度不高，缺乏足够的抵押品，因此关系型融资就成为缓解中小企业和初创企业融资约束的重要途径。相较于外地银行，本地银行为中小企业提供关系型融资的可能性更大，尤其在经济下行阶段，本地银行不会随意终止与客户的关系，仍然会继续为客户提供资金，帮助企业渡过难关。相较于大企业，本地金融发展能够有效缓解小企业的融资约束。国外学者的研究成果对于中国银行业市场结构的调整具有重要借鉴意义，中国的本地银行以城市商业银行、农村商业银行和村镇银行等为代表，其成立的宗旨就在于服务本地经济、聚焦本地企业的创新发展，因此提升中小银行的市场份额更有利于中小银行与本地中小企业长期良性互动关系的形成。在当前经济下行压力加大和经济转型背景下，由于中小银行在支持本地中小企业创新、创业方面具有信息优势，因此，增加中小银行数量并提高其市场份额，加大中小银行对中小企业的科技金融支持显得尤为重要。

2.4　银行业市场结构影响经济增长的相关理论回顾

2.4.1　内生金融理论

金融发展理论的核心在于研究金融发展和经济增长的关系。一些学者对金融发展与经济增长的关系进行了深入研究，形成了金融结构理论、金融深化理论和金融抑制理论等相关研究成果，为金融发展奠定理论基础，但并未对金融发展的驱动因素作出解答，"内生金融理论"由此应运而生。

古典内生金融理论认为交易成本、风险管理和信息不对称是金融发展的驱动因素。金融交易过程中普遍存在着金融摩擦，因此减少金融摩擦和合理降低交易成本成为金融发展的题中应有之义。金融中介由于在存贷款方面兼具规模经济优势，从而有效地降低了交易成本；金融市场的信息透明度较高，在信息获取方面具有优势，由此也能有效降低信息搜集成本，金融交易规模不断扩大，金融发展水平提升。风险管理是驱动金融发展的又一重要因素，管理风险和分散风险是金融的重要功能之一。信息不对称的缓解也能有效实现金融发展。金融中介和金融市场的发展在很大程度上能够缓解资金供求双方的信息不对称。

随着金融理论和金融实践的不断深入，制度在金融发展中的作用越来越重要，由此形成了以制度为核心的现代内生金融理论。该理论聚焦于法律、文化以及利益集团对金融发展的影响。随着一国法律制度的完善，资金供求双方的权益得到保护，金融体系的发展水平越高。文化也是影响金融发展的重要因素，在信用水平越高的地区，金融发展也越充分。同时，利益集团对金融发展的影响也得到越来越多学者的关注。

内生金融理论为分析银行业市场结构对中国经济增长的影响奠定了理论基础。中国银行业市场结构作为金融发展的重要体现之一，必定是内生于中国经济增长而产生的，合理的银行业市场结构能够最大限度地释放经济增长潜能，结合中国经济结构转变的现状和要素禀赋等特点，当前企业发展的重点在于中小企业，为了加大对中小企业"门当户对"金融服务的供给，增加中小银行数量并提升其市场份额是中国银行业市场结构改革的主要方向。

2.4.2　金融功能理论

Merton 和 Bodie（1993）强调金融功能是金融体系发展中的重要作用，将金融体系的功能归纳为六点：第一，提供支付系统便利商品和服务交易的功能；第二，聚集和分配金融资源的功能；第三，便利金融资源在不同时间、空间和行业之间转移的功能；第四，风险和不确定性管控的功能；第五，协调各部门经济决策提供价格信息；第六，解决信息不对称和激励问题。

金融结构决定金融功能与金融效率，金融结构的最终归宿在于金融功能的实现（沈军和白钦先，2006），而金融功能实现的最终目的在于满足实体经济的融资需求，实现金融业与实体经济的长期良性发展。银行业市场结构作为银行业内部结构的一种，同时也是金融结构的一种典型表现形式。因此，中国银行业市场结构的调整，在发挥优化金融资源配置、缓解信息不对称和便利金融资源跨时空配置等金融功能的同时，更好地与当前禀赋结构和金融需求相匹配，促进经济增长的同时实现银行业自身的可持续发展。

2.4.3 信息不对称理论

以商业银行为代表的金融机构存在的原因之一在于缓解信息不对称（蒋先玲，2017）。Ross（1989）对金融机构和金融创新进行了系统阐述，强调了金融机构的重要性。Merton（1995）在此基础上对金融机构的分类进行了延伸和拓展，他将 9 种金融机构按照信息透明程度分为 3 类，即透明型金融机构、半透明型金融机构和不透明型金融机构（见表 2.4）。

表 2.4　金融机构信息透明度的分类

透明型			半透明型				不透明型	
政府债券市场	股票市场	期货和期权市场	单位信托	共同基金	养老基金	财务公司	保险公司	商业银行

从表 2.4 可以清晰地看出，在以上 9 种金融机构中，相较于其他金融机构，商业银行信息透明度最差。因此相较于其他 8 种金融机构，商业银行缓解信息不对称的需求也更为迫切。只有最大限度地缓解商业银行和企业之间的信息不对称，才能真正实现银行的金融供给和实体企业金融需求的有效衔接，建立银企之间的良性互动。

在当前银行业金融机构主导的中国金融市场，商业银行依旧是企业最重要的外部融资来源。相较于大企业，中小企业的外部融资渠道有限，其中很重要的原因在于其信息透明度较差，因此依据财务信息放款的大银行很少或不愿意涉足中小企业的金融业务。相反，当地的中小银行与当地中小企业有着千丝万缕的联系，可以通过各种渠道了解中小企业经营的相关信息，因此，中小银行在缓解银企信息不对称方面优势突出。鉴于当前中小企业在国民经济中的重要作用，缓解掣肘其长期发展的融资约束问题至关重要，当前的银行业市场结构与中小企业的融资需求匹配度还有待进一步提高。因此，当前调整银行业市场结构的重点在于增加中小银行数量并提高其市场份额，不断缓解中小企业与银行之间的信息不对称，增加对中小企业的有效金融供给，进一步释放其增长潜能，促进经济增长。

2.4.4 关系型融资理论

关系型融资（Relational Financing）概念最早出现于 20 世纪 90 年代，Aoki 和 Dinc（1997）认为，关系型融资是非合约状态下的一种融资形式，其与距离型融资（Arm's-Length Financing）相对应。Boot（2000）将关系型融资的特点归纳为两方面：一是金融机构对借款企业信息具有独享性，即信息属于私有信息，公众无法获取；二是金融机构所掌握的客户信息是经过长期、持续的业务往来而获得的。为企业提供关系型融资的并不局限于商业银行，风险资本和债券市场也在关系型融资发展中扮演重要角色。

综上所述，关系型融资作为融资技术的一种，其特点可以概括为两个方面：信息搜集的非标准化与信息的私密性。自然，中小企业是关系型融资的理想选择。中小企业和初创企业信息透明度不足，缺乏足够的抵押品，因此关系型融资就成为缓解融资约束的重要途径。

关系型融资对于企业和金融机构利弊共存。对于融资企业来说，一方面，可以有效缓解银企之间的信息不对称、有效缓解其融资约束，规避经济周期对其融资约束的影响，同时在提升企业声誉方面亦大有裨益；另一方面，金融机构可能会利用融资企业的私有信息优势进而对融资企业进行"锁定"，收取高额的信息租金。对于提供融资的金融机构而言，软信息的获取能够帮助银行有效规避信用风险，同时能够获取信息租金和特殊关系租金。金融机构为了响应政府的政策而继续对经营效率低下的企业提供贷款而面临"预算软约束"难题。

商业银行、风险资本和债券市场等都可以提供关系型融资，但鉴于当前中国金融市场中银行的主导地位以及资本市场的门槛较高的现状，为中国中小企业提供关系型贷款的责任主要落在商业银行身上。商业银行从规模角度有大银行与中小银行之分，大银行与中小银行在组织结构和信息搜集等方面各具特色。大银行的组织结构复杂，其信贷投放的权力相对集中于层次较高的分支机构，因此不利于软信息的搜集和传递，以及根据软信息做出及时的决策。中小银行的组织结构相对简单很多，信贷投放的权力下放给基层分支机构，且基层分支机构与决策分支机构的地理距离很近，便利了中小企业软信息的搜集和传递。因此，综合组织结构与信息搜集等方面的比较，相较于大银行，中小银行在提供关系型融资方面更具比较优势。但是随着金融科技的快速发展，一方面，大银行能够更有效地搜集中小企业的软信息，关系型贷款的供给能力提升；另一方面，关系型贷款的供给使得大银行获利颇多，大银行关系型贷款的供给意愿提升。

结合中国当前的国情，大银行更多地依赖财务报表和抵押担保进行放贷，满足这两个特点的大多是大企业，而数量众多的中小企业被排除在外；

而以城市商业银行和农村商业银行为代表的中小银行生于当地，长于当地，对当地的中小企业经营状况更加了解，因此，这也为中小银行利用本地优势开展关系型贷款提供了可能。综上所述，可以看出，当前银行业市场结构调整的重点在于发展中小银行，逐步构建多层次、差异化的金融体系，更好地挖掘中国经济增长潜力，实现中国经济的行稳致远。

2.5 本章小结

本章分为四小节。第一节是相关概念界定。对银行业市场结构的相关概念进行界定，从一般的产业，到银行产业、银行业功能和银行业市场结构，依次对其内涵进行界定，明确了本书的研究对象。第二节梳理了助力经济增长影响因素的相关理论，早期关于经济增长的影响因素主要聚焦于资本要素、劳动力要素和创新要素，而忽略了金融要素，后来经济学家从货币金融因素视角来探究经济增长的内在逻辑。第三节旨在揭示银行业市场结构影响经济增长的内在机理和传导路径。首先，交代了银行业市场结构影响经济增长的制度背景，同时剖析了金融供给能力和金融供给意愿共同决定了中国银行业市场结构调整的目标是实现银企"门当户对"，中小银行金融供给能力不足、金融供给意愿不强导致当前银企之间无法实现完美匹配。随后建立了包含异质性企业和银行的经济增长模型，分析了银行业市场结构影响经济增长的效应。其次，分析了银行业市场结构通过影响资本积累的物质来源和储蓄转化机制，进行影响经济增长的中介传导机制。最后，分析了银行业市场结构影响经济增长的创新传导路径，即银行业市场结构的调整通过缓解银企之间信息不对称、缓解企业融资约束及熨平经济波动带来的冲击、促进形成长期良性银企关系这三方面来提升企业创新能力，进而促进经济增长。第四节回顾了银行业市场结构影响经济增长的相关理论，着重回顾了内生金融理论、金融功能理论、信息不对称理论和关系型融资理论，为银行业市场结构对中国经济增长影响的经验研究以及美、日两国的案例分析提供充足的理论基础。

第 3 章　银行业市场结构影响
中国经济增长的事实描述

改革开放 40 余年来，中国经济保持长期的高速增长，其中银行业的发展功不可没。银行业发展的关键在于其市场结构的变革，本章就改革开放以来银行业市场结构的发展历程进行回顾，同时分析在银行业市场结构发展过程中的资本积累和创新现状，最后对银行业市场结构的经济增长效应进行系统梳理，为破解中国经济增长之谜找到有关银行业市场结构变革方面的证据。

3.1　中国银行业市场结构的事实描述

自中华人民共和国成立以来，中国银行体系历经中央银行"大一统"到中央银行与四大国有专业银行并存，再到现在中央银行、存款货币银行与监管机构并存的多层次、多元化现代银行体系。

3.1.1　中国银行体系变迁的历程回顾

早期学者，如易纲和赵先信（2001）、王广谦和郭田勇（2008）对中国银行体系的变迁历程进行了系统梳理，但现有文献主要对 2008 年以前中国银行体系结构的变迁进行了归纳和梳理，但是并未对 2008 年以后银行业市场结构的变迁及影响因素进行归纳和梳理。自 2008 年爆发国际金融危机后，中国政府为了防止经济"硬着陆"而紧急实施了四万亿元刺激计划，而且四万亿元刺激资金的投放主要集中于国有大型商业渠道，这势必影响了银行体系的变迁（安世友，2015），因此本书将在已有学者对 2008 年以前银行体系变迁归纳的基础上，对 2008 年以后的银行体系变迁阶段进行细分和梳理。本书将中国自 1949 年以来的银行体系变迁划分为四个阶段。

1. "大一统"时期的银行体系（1949—1978 年）

世界上最早的银行诞生于 1407 年商品经济发达的意大利威尼斯，银行用意大利语最早表示为 Banca，本意表示经营货币的兑换商所使用的长凳或椅子，后英语表示为 Bank，意指存钱的柜子。商业银行是银行业金融体系的重要组成部分。

中国最早的商业银行——中国通商银行，成立于清朝晚期的 1897 年，在此之后，越来越多的商业银行快速发展起来（1897—1949 年）。1949 年中华人民共和国成立到 1952 年，中国银行和交通银行等商业银行为我国商品经济的发展贡献了金融力量。

起讫于 1953 年的"三大改造"，苏联高度集中的计划经济体制开启了中国之旅。为适应高度集中统一的计划经济发展的需要，各类银行相继撤并，建立起"大一统"的金融机构——中国人民银行。

2. 中央银行与专业银行并存的银行体系（1979—1992 年）

1978 年党的十一届三中全会的召开，全党把全国工作重心重新转移到经济建设上来，随着经济体制改革的逐步展开，商业银行逐步发展起来。中国商业银行形成的途径可概括为两条，一是从中国人民银行或财政部中分离出来的商业银行，如中国建设银行于 1979 年 8 月从财政部中分离出来，1983 年 9 月中国银行从中国人民银行分离出来，或者新建的专业银行，如 1979 年 3 月中国农业银行成立，1984 年中国工商银行成立。二是新组建一批商业银行，比如 1987 年，全国第一家股份制商业银行——交通银行重新组建，随后中信实业银行（1987 年）、招商银行（1987 年）和光大银行（1992 年）等一批股份制商业银行陆续新建。

3. 市场化体制初步建立的银行体系（1993—2008 年）

1992 年，党的十四大在北京召开，社会主义市场经济体制改革成为经济体制改革的目标，拉开了经济金融领域各项市场化改革的序幕。具体到银行业领域表现在，1984 年四大国有专业银行成立，后逐步向现代商业银行方向发展，但是其承担的政策性金融业务尚未真正分离。直到 1994 年，中国进出口银行、国家开发银行和中国农业发展银行三家政策性银行的成立，标志着政策性金融业务从四大国有专业银行的正式剥离，国有专业银行的商业化进程进一步加快。1995 年颁布的《中华人民共和国商业银行法》从法律层面明确了四大国家专业银行的国有独资商业地位，同时明确了商业银行安全性、盈利性和流动性的经营原则。

各地方政府在中央政绩考核的激励之下，纷纷采取多种措施对本地城市信用社进行改组整顿，城市商业银行应运而生。城市商业银行由城市信用社演化而来，在地方性中小银行中最具代表性。第一家城市信用社成立于 1979 年，经过 15 年的快速发展，截至 1994 年年底，全国城市信用合作社共 5 229 余家。1995 年《进一步加强城市信用合作社管理的通知》颁布实施后，城市信用社不再新设，并试点组建城市合作银行。自 1998 年起，城市信用社的名称不再沿用，城市商业银行由此诞生。城市商业银行发展初期，仅允许在已开设分支机构的城市设立新的分支机构，但随着金融改革稳步推进，自 2006 年起，符合规定的城市商业银行可以跨省市开设新分支机构（毛其淋和王澍，2019）。

4. 后金融危机时期的银行体系（2009—2019 年）

2008 年爆发的国际金融危机波及全球，对全球金融领域冲击很大，因为中国金融领域对外开放程度较低，所以金融领域受到冲击相对有限；但对于中国很多外向型企业冲击很大，外贸订单骤减，长期掣肘其发展的融资难题尚未得到有效缓解。基于此，为了更好地为实体企业提供金融服务，继续深化银行领域的相关改革。2009 年 4 月，中国银行业监督管理委员会①（简称中国银监会）发布《关于中小银行分支机构市场准入政策的调整意见（试行）》，该政策的颁布简化了股份制商业银行与城市商业银行分支机构设立的审批程序，分支机构在相关领域的开设不再受数量指标的束缚，同时降低了以股份制商业银行和城市商业银行为代表的中小银行的营运资金，这一政策的颁布进一步放宽了以城市商业银行和股份制商业银行为代表的中小银行的市场准入。截至 2019 年年底，共有城市商业银行 134 家，总资产达 372 750 亿元。

截至 2019 年年底，全国共有 12 家股份制商业银行，股份制商业银行在全国开设分支机构，为服务地方经济增长、促进经济高质量发展贡献颇多，因此，股份制商业银行的发展成为服务经济社会发展中不可或缺的一部分。

与此同时，随着中国金融改革的不断深化，逐步放宽了外资银行的市场准入门槛和经营范围。外资银行在中国的发展丰富了中国的金融体系和金融产品，对于优化中国银行业市场结构作出了很大贡献。1979 年，日本输出银行代表处在北京开设，拉开了中国银行业对外开放的序幕。

近年来，民营银行的兴起为中国金融市场注入新鲜的血液。2014 年，微众银行、上海华瑞银行和温州民商银行等 5 家民营银行成立。2015 年 6 月，中国银监会下发《关于促进民营银行发展指导意见的通知》，阐明了民营银行设立的指导思想、准入条件和监管要求等相关内容，为民营银行的发展提供了制度保障，截至 2019 年年底，共有 18 家民营银行相继成立。

---

① 中国银行业监督管理委员会于 2003 年 3 月设立，于 2018 年 4 月与中国保监会合并成立中国银保监会。

自此，随着股份制商业银行、城市商业银行、民营银行和外资银行的陆续成立和发展壮大，中国银行业市场结构的国有商业银行垄断格局逐步扭转，国有商业银行的市场集中度不断下降，中小银行和外资银行的市场份额不断提升，有效提升了金融市场竞争活力。

经过40多年的金融改革，中国的金融体系逐步完善，形成了包括中央银行、金融机构和自治机构在内的现代银行体系。具体的银行体系如图3.1所示。

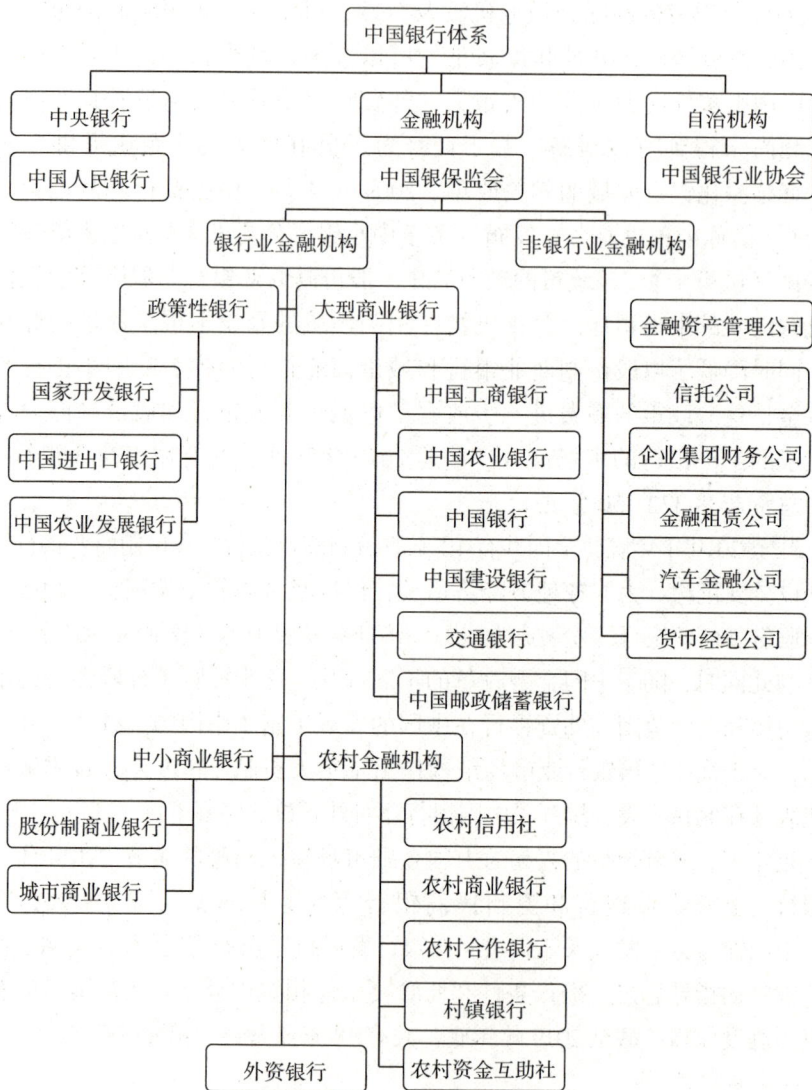

图 3.1　中国银行体系

（资料来源：平安证券，中国银保监会）

现代银行体系的形成，为改革开放以来中国经济的高速增长助力颇多。图 3.2 展示了 2004—2019 年中国银行业金融机构总资产与总负债的同比数据，不难发现，在 2009 年之前，银行业金融机构总资产同比与总负债同比数据基本呈上升的趋势，在 2008 年有一个小幅的回落，但在之后又很快增加，并在 2009 年下半年达到一个峰值。不难理解，在 2008 年之前，全球经济处于上升周期，当然中国经济也不例外，1978 年改革开放到 2008 年金融危机之前，始终处于一个高速发展时期，这段时间银行业金融机构对实体经济的支持力度很大。2008 年国际金融危机发生后，国际市场需求锐减，助推中国经济 30 年高速增长的出口"马车"动力减弱。为刺激中国经济快速复苏、防止经济硬着陆，中国政府于 2008 年紧急出台了"四万亿元刺激计划"，宽松银根的金融扩张政策实现了银行业金融机构总资产和总负债在短期迅速提升。在 2009 年银行业总资产达到峰值后，一直到 2019 年，银行业金融机构总资产和总负债同比增速呈明显的下滑趋势。

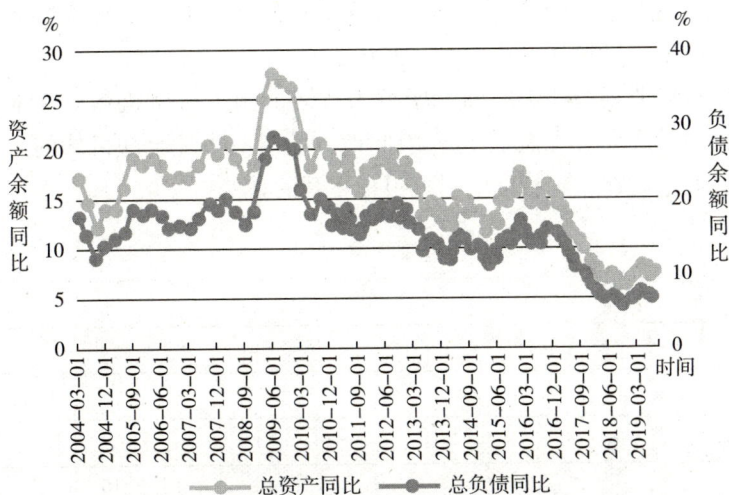

图 3.2　中国银行业金融机构总资产与总负债同比增速
（2004 年 3 月 1 日至 2019 年 3 月 1 日）

（资料来源：平安证券，Wind 数据库）

3.1.2　中国银行体系变迁的驱动因素分析

上一小节回顾了自 1949 年到现在中国银行体系变迁的历程，本小节重点剖析其变迁过程中的影响因素，力图为下一步的银行体系改革提供借鉴。中国银行体系改革并不是一蹴而就的，其演变过程中受到市场需求、利率市场化、地方商业银行崛起、政府保护和政策等多种因素的共同影响。

需求决定供给。因此,市场需求因素是银行体系变迁的首要因素。随着我国由计划经济向市场经济的逐渐转变,中国人民银行独家垄断金融市场的局面结束,专业银行相继成立,专业银行向商业银行逐渐转变,股份制商业银行、城市商业银行、农村商业银行相继成立,同时随着中国对外开放程度的不断深入,外资银行也相继在中国开设各种分支机构,大中小银行共存的市场格局基本形成。

利率市场化是银行业市场结构转变的重要原因之一,中国的名义利率市场化虽然已在 2015 年基本完成,但实际的利率市场化改革仍在稳步推进过程中,尤其是 2019 年 LPR 机制的进一步完善对中国银行体系的影响不容小觑。

地方官员晋升锦标赛模式是推动中国经济高速增长的重要因素(周黎安,2007),为了推动本地经济快速增长、更好地满足当地企业的融资需求,以城市商业银行为代表的本地金融机构迅速崛起,当地银行业市场结构也随之改变(姚晓明和朱晟君,2019)。

以城市商业银行和农村商业银行为代表的地方金融机构对于地方政府的利、税贡献颇大(见图 3.3),因此地方政府对当地金融机构的干预不可避免,由此也会在一定程度上引致银行体系的转变。

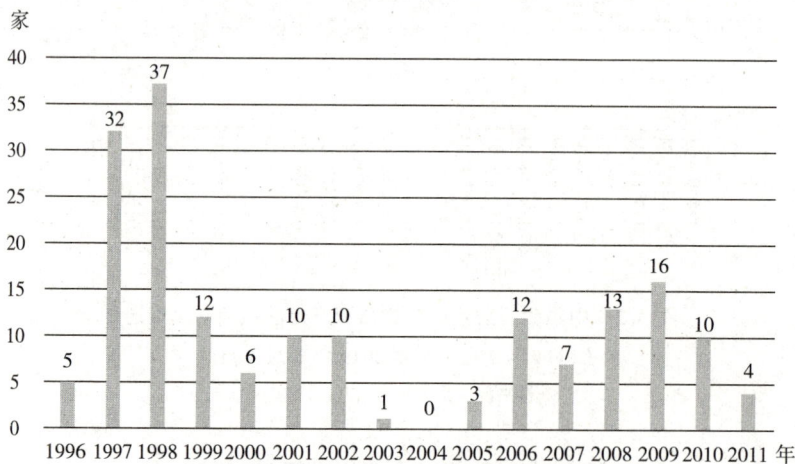

图 3.3 新成立城市商业银行时间分布图

[资料来源:郭峰和熊瑞祥(2017)《地方金融机构与地区经济增长——来自城市商业银行设立的准自然实验》文中数据]

政策因素是我国银行体系转变的另一诱因，其中尤以货币政策和财政政策影响最大。

金融抑制是影响中国银行体系变迁的又一重要因素，中国由金融抑制逐渐转向金融自由化的过程中，银行业市场结构也逐渐由垄断向竞争转变。

此外，金融监管也是银行业市场结构变化的一个重要诱因，金融监管存在着国内金融监管与国际金融监管之分。国内金融监管对于金融体系变迁的形成意义重大，准入监管对我国银行体系变迁的影响不容忽视，外资银行进入后与国内市场份额较大的大型国有商业银行合作，进而提高银行业市场集中度，同时外资银行还可以通过经营范围监管的强化来降低银行业市场集中度。而国际监管对于银行体系的变迁虽有影响，但影响甚微。

随着 ICT 的不断发展，科技因素对于各类产业内部结构调整的作用越来越大。具体到金融领域，金融科技一方面通过"市场挤出"来影响银行体系的变迁，另一方面通过"技术创新"来影响银行体系变迁，随着金融科技的迅猛发展，中国银行业市场的竞争程度将不断提升。

3.1.3　中国银行业市场结构现状

自改革开放以来，中国实行区域发展战略，东部地区先行先试，首先汲取中国渐进式改革发展的红利，再加上其优越的地理区位优势，对外交往密切，吸引了国内外各种金融机构在东部地区开设分支机构；而中西部和东北地区汲取改革红利的时滞相对较长，地处内陆，对外交往活动贫乏，因此对于金融机构的吸引力相对有限。

图 3.4 绘制了 2005—2016 年四大经济区域金融机构营业网点的全国分布情况。由图 3.4 可知，东部地区的金融机构营业网点占比最高，基本保持在 40% 左右，中部和西部地区金融机构营业网点占比相对较高，基本处于 25%~30%，而东北地区金融机构营业网点的占比最低，仅有 10% 左右。

图 3.5 绘制了 2005—2016 年四大经济区域金融机构资产总额在全国的占比分布情况。由图 3.5 可知，四大经济区域金融机构资产总额区域差异大，东部地区金融机构资产总额占比基本保持在 60% 左右，且近年来有缓慢下降的趋势，而中西部地区与东北地区三者之和仅有 40% 左右，且中西部地区的金融机构资产总额占比上升趋势缓慢。综合四大经济区域金融机构营业网点和资产总额的全国分布情况可知，金融机构的网点分布和资产总额分布存在很明显的区域差异，鉴于金融在现代经济发展中的核心地位，金融区域差异一定程度上可以很好地解释区域经济发展差异现象。

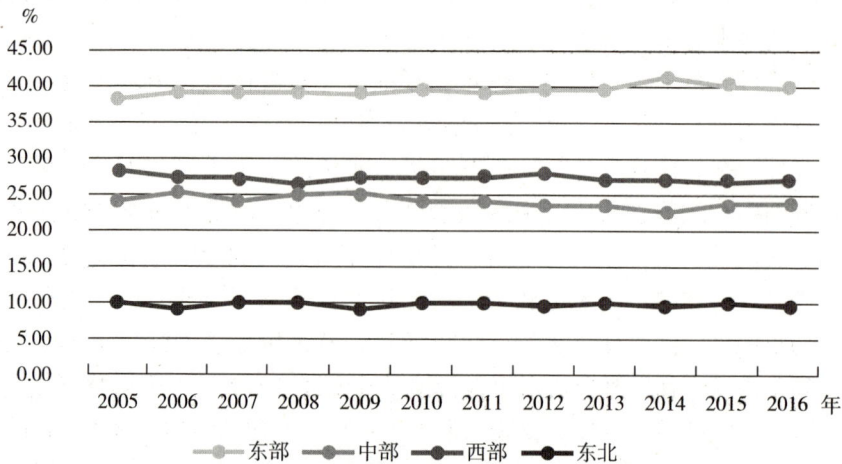

图 3.4　四大经济区域金融机构营业网点占比（2005—2016 年）

（资料来源：Wind 数据库）

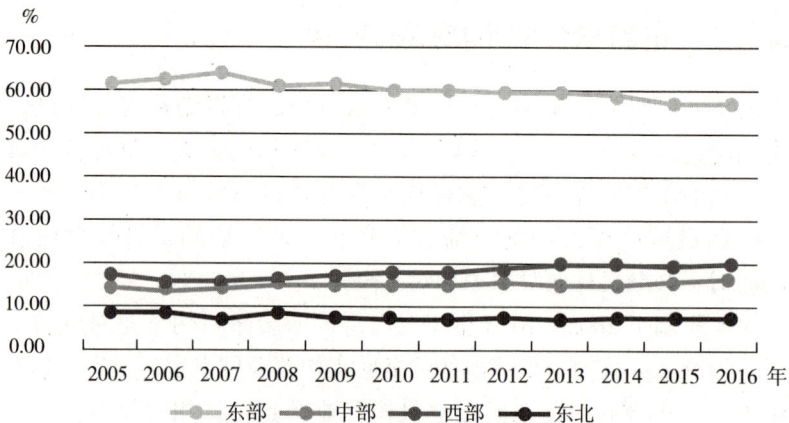

图 3.5　四大经济区域金融机构资产总额占比（2005—2016 年）

（资料来源：Wind 数据库）

在中国金融体系中，银行业占主导地位，结合本书的分析主题——银行业市场结构，接下来进一步分析银行业市场结构的区域差异。根据省份的地理区位，围绕国家"西部大开发"战略和"中部崛起"战略的实施范围，亦可将 30 个省份分为东部 10 个省份、中部 9 个省份和西部 10 个省份

(刘贯春等，2019)[①]。

图 3.6 和图 3.7 分别绘制了东部地区代表性省份北京市和天津市的银行业市场结构变动情况。银行业市场结构用中小银行市场份额（ES）、商业银行分支机构的赫芬达尔指数（HHI）和市场集中度（CR4）三个指标度量。其中，中小银行市场份额反映银行业市场的规模结构，赫芬达尔指数和市场集中度则是从产业组织视角衡量商业银行的竞争情况[②]。得益于中国金融改革的不断深入，银行业市场的准入门槛不断放宽，北京市和天津市的银行业市场集中度均呈现出下降的趋势，且天津市的银行业市场集中度下降幅度更加明显，银行业市场结构由中上集中寡占型转变为中下集中寡占型；相应地，北京市和天津市的中小银行市场份额不断提升。银行业分支机构的赫芬达尔指数呈小幅递减的趋势。不难理解，受益于银行业市场准入门槛的不断下降，以股份制商业银行、城市商业银行和农村商业银行为代表的中小银行迅速崛起，外资银行纷纷来中国设立分支机构，而且更多地布局于东部经济发达地区，民营银行的加入也促使银行业市场结构更加多元化，银行业市场的竞争程度随之提升。

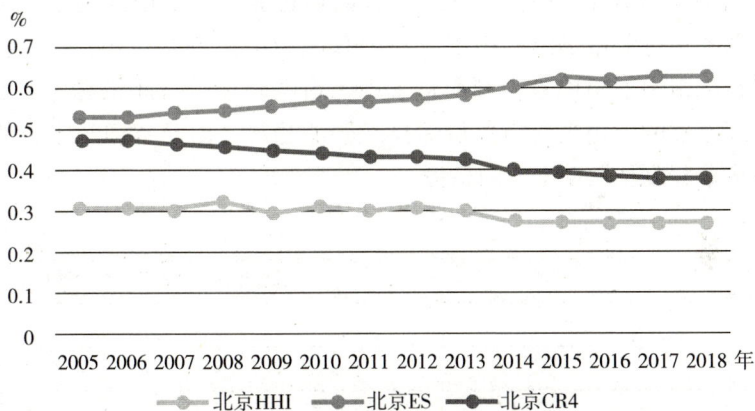

图 3.6   东部地区代表性省份北京市的银行业市场结构

(资料来源：中国银保监会官网，Wind 数据库)

---

① 因西藏数据缺失过多，故不纳入分析范围。东部省份包括北京、天津、河北、上海、江苏、浙江、福建、山东、广东及海南 10 个省份，中部地区包括山西、辽宁、吉林、黑龙江、安徽、江西、河南、湖北和湖南 9 个省份，其余 10 个省份纳入西部省份的范围。此处，东、中、西区域分组与四大经济区域分组基本一致，主要目的在于和后文的实证分组相一致。

② 赫芬达尔指数（HHI）由大型商业银行、股份制商业银行、城市商业银行、农村合作金融机构（小型农村金融机构）以及邮政储蓄银行五类银行分支机构网点数求得。中小银行市场份额采用除工、农、中、建四大银行外的其他商业银行分支机构数量在所有商业银行分支机构数量中的占比来衡量。市场集中度采用工、农、中、建四大银行分支机构数量的市场份额来衡量。

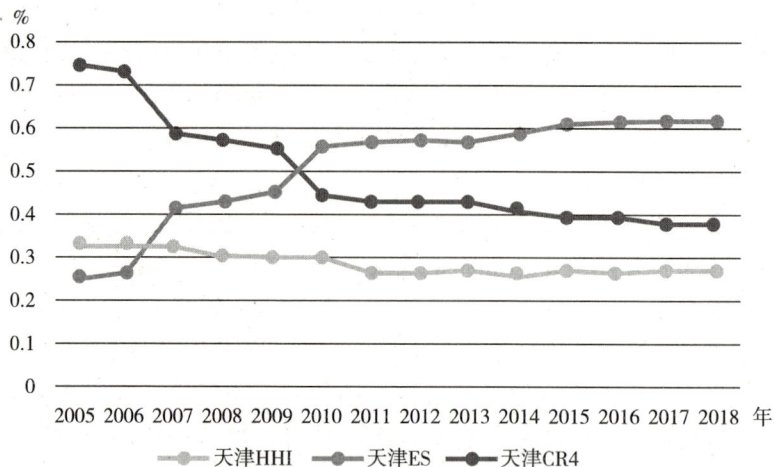

图 3.7 东部地区代表性省份天津市的银行业市场结构

（资料来源：中国银保监会官网，Wind 数据库）

图 3.8 和图 3.9 分别绘制了中部地区代表性省份山西省和辽宁省的银行业市场结构变动情况。山西省和辽宁省的银行业市场集中度均呈下降的趋势，山西省银行业市场结构由中下集中寡占型向竞争型转变，辽宁省银行业市场结构由中下集中寡占型向低集中寡占型转变。与此相对应的是，山西省和辽宁省的中小银行市场份额呈上升的趋势。山西省和辽宁省的银行业市场竞争程度呈波动上升的趋势。

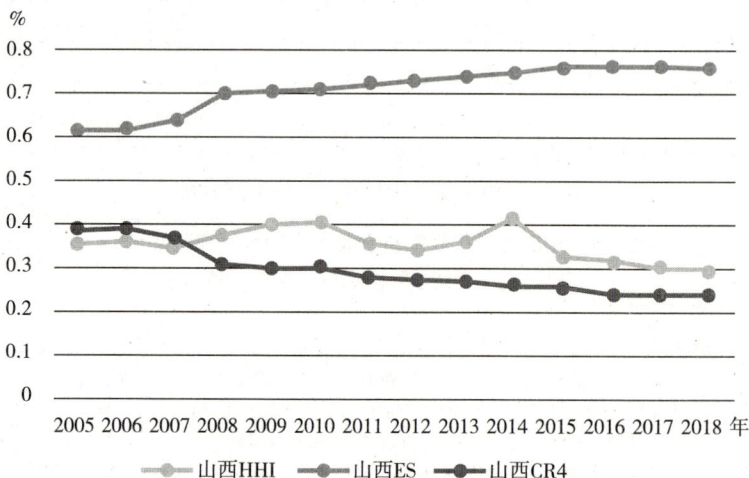

图 3.8 中部地区代表性省份山西省的银行业市场结构

（资料来源：中国银保监会官网，Wind 数据库）

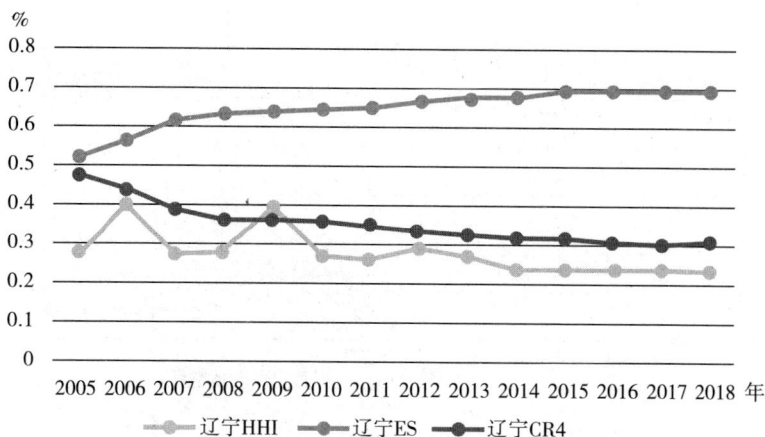

图 3.9　中部地区代表性省份辽宁省的银行业市场结构

(资料来源：中国银保监会官网，Wind 数据库)

图 3.10 和图 3.11 分别绘制了西部地区代表性省份四川省和陕西省的银行业市场结构变动情况。四川省和陕西省的银行业市场集中度均呈下降的趋势，四川省和陕西省银行业市场结构均由中下集中寡占型向竞争型转变。与此相对应的是，四川省和陕西省银行业中小银行市场份额呈上升的趋势。四川省和陕西省的赫芬达尔指数不断递减，说明两个省份银行业市场竞争程度日趋激烈。

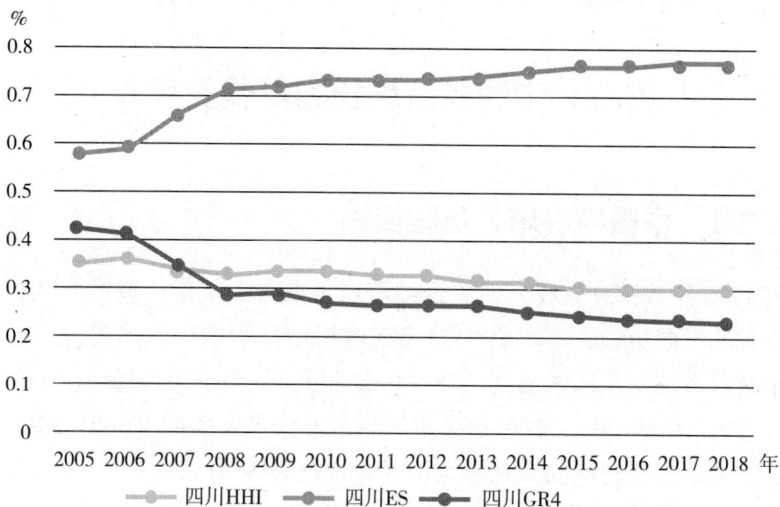

图 3.10　西部地区代表性省份四川省的银行业市场结构

(资料来源：中国银保监会官网，Wind 数据库)

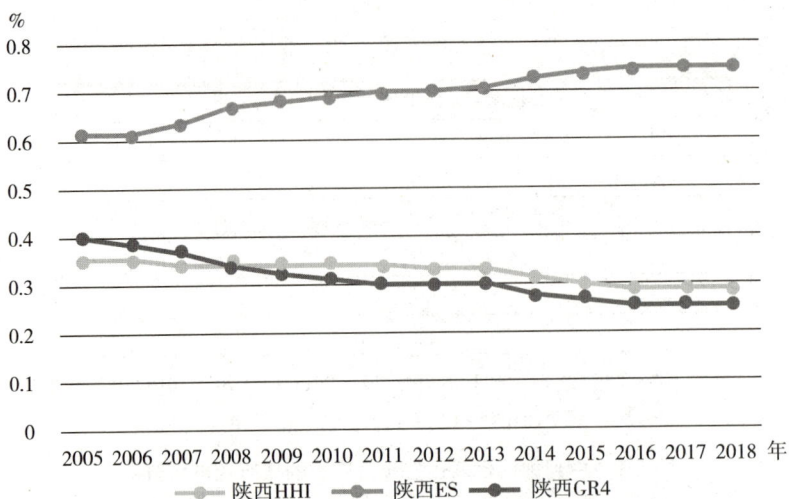

图 3.11　西部地区代表性省份陕西省的银行业市场结构

(资料来源：中国银保监会官网，Wind 数据库)

　　综合来看，东部、中部、西部三个区域的银行业市场集中度呈下降的趋势，中小银行的市场份额呈上升的趋势，银行业市场竞争程度不断增强。横向比较来看，截至 2018 年年底，以银行业分支机构衡量的银行业市场集中度，东部代表性省份高于中西部省份。与之相对应的是，中西部省份中小银行市场份额高于东部省份。

3.2　中国经济增长的发展现状

3.2.1　中国经济增长历程回顾

　　自 1978 年改革开放以来，中国经济增长取得了不俗的成绩。依据中国经济增长的发展历程，本书将中国经济增长概括为四个发展阶段，即社会主义市场经济的初步探索期（1978—1990 年）、社会主义市场经济的逐步形成期（1991—2000 年）、社会主义市场经济的稳定发展期（2001—2010 年）和社会主义市场经济的高质量转型期（2011—2019 年）。

　　1. 社会主义市场经济的初步探索期（1978—1990 年）

　　自 1949 年中华人民共和国成立到 1978 年改革开放前，作为社会主义国家的中国效仿苏联，实行单一的计划经济体制，为后来中国经济的现代化奠定了基础，同时也暴露出计划经济的诸多弊端。

表 3.1　中国经济增长阶段划分（%）

年份	1978—1990	1991—2000	2001—2010	2011—2019
GDP 年均增长率	9.27	10.45	10.55	7.36
人均 GDP 年均增长率	7.73	9.28	9.94	6.84

资料来源：Wind 数据库。

表 3.2　拉动经济增长"三驾马车"的贡献率（%）

年份	消费	资本积累	净出口
1978—1990	66.72	23.68	9.60
1991—2000	59.64	34.30	6.06
2001—2010	48.40	55.61	−4.01
2011—2019	60.48	39.92	−0.41

资料来源：Wind 数据库。

自 1978 年改革开放以来，中国经济逐步摆脱了过去的计划经济体制，逐步走上了社会主义市场经济的探索之路。在社会主义市场经济初步探索时期，由于实务界与理论界对于社会主义市场经济评价存在争议，因此，本阶段市场经济的探索存在多次反复。由表 3.1 可知，1978—1990年，GDP 总量的年均增长率和人均 GDP 年均增长率分比为 9.27% 和7.73%，由于当时对外开放水平较低，中国经济增长主要依赖于国内消费市场的拉动，资本积累和净出口对经济增长的贡献相对较小，贡献率分别只有 23.68% 和 9.60%。

2. 社会主义市场经济的逐步形成期（1990—2000 年）

前期关于社会主义市场经济的探索尚未达成一致结论。1992 年年初，邓小平南下视察，肯定了建立社会主义市场经济的改革思路，同年，中共十四大明确了经济体制改革的目标是社会主义市场经济体制的建立。中央从思想层面就经济体制改革的目标达成了一致，这样激发了各级政府和市场主体的创造活力，中国经济的活跃程度迅速提升。在财税领域，1994 年进行了分税制改革，改革之后地方承担了更多发展地方经济的责任，但当时的地方政府财力有限，再加上当时政绩考核的驱动，很多地方政府加大招商引资的力度。因此，这段时期资本积累对经济增长的拉动作用明显提升，达到 34.30%，GDP 总额和人均 GDP 增速较快。1997 年爆发了亚洲金融危机，虽然当时中国的对外开放程度有限，但是香港的开放程度很高，因此香港受到较大的负向冲击，中央政府采取一系列措施帮助香港脱困，从而对中国经济也造成了一定的负向影响。

3. 社会主义市场经济的稳定发展期（2001—2010 年）

2001 年中国成功加入世界贸易组织（WTO），中国的对外开放水平不断提高。该段时间的经济增长速度最快，GDP 年均增长率和人均 GDP 年均增长率分别高达 10.55% 和 9.94%。经济快速增长中，资本积累起主导作用，对经济增长贡献率为 55.61%，而国内消费的拉动作用降到 48.40%。2008 年爆发国际金融危机，由于受到金融危机的负向冲击，GDP 增长率和人均 GDP 增长率双双下滑，中央政府为了避免经济进一步下滑，紧急出台了大规模的经济刺激计划，GDP 增长率在 2009 年实现短暂上涨后，2010 年增速再次放缓。

4. 社会主义市场经济的高质量转型期（2011—2019 年）

2008 年国际金融危机之前，中国经济的高速增长主要由数量丰裕、价格低廉的劳动力和资本积累的不断增长来拉动，但是这种仅仅依赖于要素数量扩张的粗放式增长并不具有持续性，叠加全球经济周期的影响，中国经济增长模式亟待转型。2008 年国际金融危机之后，中国政府的大规模经济刺激主要通过地方政府和大型国有企业来实现，因此地方政府和大型国有企业累积了大量负债，虽然在一定程度上延缓了中国经济软着陆，但是这种模式并不具有可持续性，理论界和实务界都纷纷呼吁经济转型，一方面当然要不断补足自身资本短缺的发展短板，另一方面要充分培养经济增长的新动能，即经济增长更多地依赖于创新和技术进步。

综合来看，自 1978 年改革开放以来，中国经济增长已实现由要素驱动向效率驱动转变，现正处于效率驱动向创新驱动的关键期。1978 年改革开放初始之年，中国人均 GDP 仅有 156 美元，经过 40 多年的快速发展，截至 2019 年，中国人均 GDP 首次突破 10 000 美元，进入效率驱动向创新驱动转变的关键期。若要实现中国经济增长的创新转变，未来还有很长的路要走。

3.2.2 中国经济增长中的资本积累现状

投资是拉动改革开放以来中国经济高速增长的"三驾马车"之一。投资的关键在于资本积累。随着经济体制改革稳步推进，过去依靠行政手段和国有企业为主资本积累的格局逐渐扭转，尤其在 1992 年邓小平南方谈话之后，经济改革的步伐加快，资本积累呈现出新的特点，企业的投资主体地位逐步确立，国有企业在资本积累中的地位不断下降，而中小企业在资本积累中的地位日益上升。如图 3.12 所示，2007—2018 年中国非国有企业固定资产投资占比数值虽受到 2008 年国际金融危机的影响小幅波动，但总体呈上升的趋势。非国有企业固定资产投资占比从 2007 年的 71.81%上涨至 2018 年的 79.13%，说明非国有经济在促进固定资产投资方面的作用越来越突出。

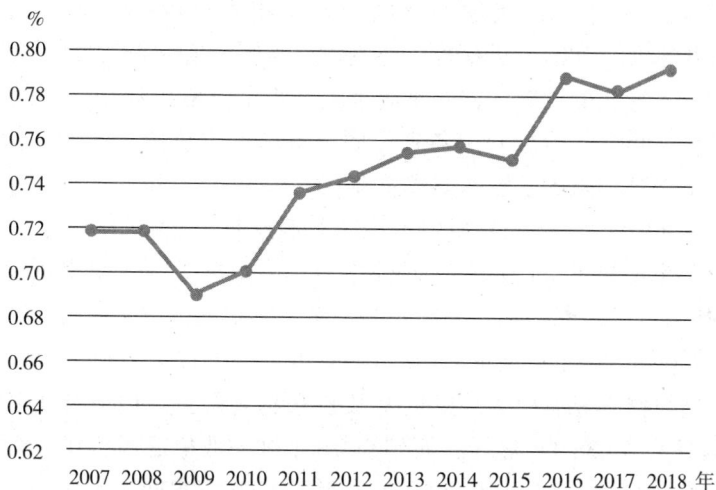

图 3.12　非国有企业固定资产投资占比

（资料来源：2007—2018 年《中国统计年鉴》）

储蓄和投资均是资本积累的必要条件，二者缺一不可。众所周知，中国一直是一个储蓄大国，截至 2019 年 11 月，存款总额高达 192 万亿元，位居全球第一。如此庞大的储蓄无疑成为资本积累的重要来源之一，当然这仅仅是资本积累的第一步。如此巨额的储蓄是否能够有效转化为投资呢？答案是否定的。一方面，一部分储蓄通过国有商业银行主要放款给国有企业和大企业，还有部分储蓄并未转化为借贷资本，而是用来购买外国债券，中国长期以来持有巨额美国国债[①]；另一方面，中小企业融资难、融资贵的问题长期尚未得到有效缓解；由此不难看出，中国国内的高额储蓄并未有效转化为中小企业的投资，这与当前不合理的银行业市场结构不无关系。国有企业和大企业的投资主要来源于与之"门当户对"的国有商业银行，中小企业虽然在国民经济中的贡献比肩国有企业和大企业，甚至在某

---

①　截至 2020 年 1 月，中国持有的美国国债总规模达到 1.0786 万亿美元，成为仅次于日本的第二大美债持有国。中国持有巨额美债有一定的战略目的，但是国内巨额储蓄无法在本国有效转化为本国投资，进而支持本国中小企业的发展，一定程度上可以解释为资本积累低效率的表现。

些方面已经超过了大企业，但是其并未得到商业银行足够的支持，与之金融服务"门当户对"的中小银行数量不足和市场份额较低是重要原因之一。

图 3.13 绘制了 1990—2018 年中国资本积累总额及资本积累增长率情况，资本积累总额按照张军等（2004）的永续盘存法进行计算。

$$k_{it} = k_{it-1}(1 - \sigma_{it}) + I_{it} \qquad (3.1)$$

在式（3.1）中，k_{it} 表示实际物质资本积累总量；σ_{it} 表示资本折旧率，借鉴张军等（2004）的研究，将其设定为固定值 9.6%；I_{it} 表示各省份实际固定资本形成的总额，首先将固定资产投资价格指数转化为以 1990 年为基期的价格指数，然后利用各省份固定资产形成总额的流量数据通过价格指数平减得到实际固定资本形成总额。

由图 3.13 可知，中国物质资本积累总额呈快速上涨的趋势，而物质资本积累增长率却呈下降的趋势。具体来看，中国物质资本积累总额从 1990 年的 4 636.06 亿元增长到 2018 年的 113 745.36 亿元，增长率为 2 353.49%。而物质资本积累同比增长率从 1995 年的 60.47% 下降为 2018 年的 3.05%，这与物质资本积累总额的基数越来越大有关。1990 年的物质资本积累总额只有 4 636.06 亿元，而到 2001 年这一数值已经突破 5 万亿元大关，达到 50 342.39 亿元，且 2001 年前物质资本积累同比增长率一直保持在两位数增长，但从 2002 年开始，物质资本积累同比增长率降为个位数，增速明显下滑。

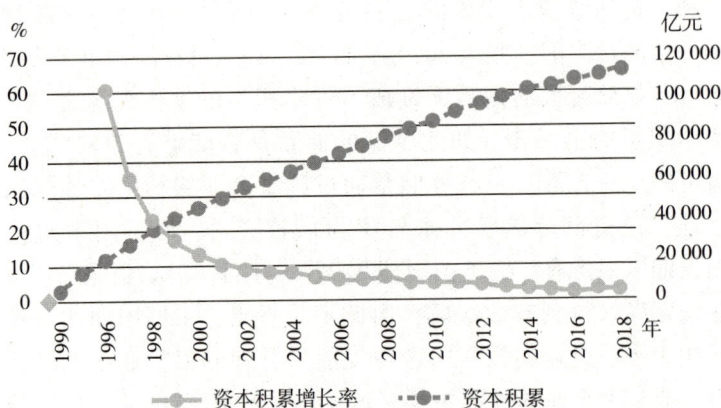

图 3.13 中国资本积累总额及资本积累增长率

（资料来源：2019 年《中国统计年鉴》）

3.2.3 中国经济增长中的创新发展现状

创新是引领发展、促进经济增长的第一动力。"科学技术是生产力"作为马克思主义的基本原理，为经济增长指明了方向。中国历来重视创新在发展中的重要作用，尤其自改革开放以来，中国对创新的重视程度前所未有。1988年9月，时任国家领导人的邓小平在全国科技大会上提出了"科学技术是第一生产力"这一科学论断。中国作为最大的发展中国家，其创新能力正逐渐由技术引进、技术吸收的"跟跑"阶段转为自主创新的"跟跑、并跑、领跑"并行阶段，中国的创新能力不断提升。如表3.3所示，根据世界知识产权组织发布的《全球创新指数》显示，中国的全球创新指数总得分和排名虽有小幅波动，但总体呈上升的趋势，2011年总得分46.43分，第29名；2019年总得分54.82分，第14名，成为排名前20中唯一的发展中国家①。

表3.3 中国全球创新指数总得分及世界排名（2011—2019年）

年份	总得分	排名
2011	46.43	29
2012	45.4	34
2013	44.66	35
2014	46.57	29
2015	47.47	29
2016	50.57	25
2017	52.54	22
2018	53.05	17
2019	54.82	14

资料来源：2011—2019年《全球创新指数（Global Innovation Index，GII）》。

虽然中国的全球创新指数得到了提升，但相较于欧美发达国家，中国的创新能力和科技发展水平差距很大仍是不争的事实，创新对经济增长的贡献不足，是中国经济社会发展的"阿喀琉斯之踵"②。

---

① 全球创新指数由世界知识产权组织、康奈尔大学和欧洲工商管理学院共同发布，用于衡量全球120多个经济体在创新能力的指标，创立于2007年，每年发布一次。

② 2015年10月29日，在党的十八届五中全会第二次全体会议上，习近平总书记指出，我国创新能力不强，科技发展水平总体不高，科技对经济社会发展的支撑能力不足，科技对经济增长的贡献率远低于发达国家水平，这是我国这个经济大个头的"阿喀琉斯之踵"。"阿喀琉斯之踵"用来形容强大事物的致命死穴或软肋。

图 3.14 和图 3.15 分别绘制了 1985—2017 年中国外观设计、实用新型和发明三种专利申请受理和专利授权的合计总数与其加权平均数①。1985—2000 年，对于专利申请受理数和专利授权数，无论是合计总数和加权平均数增幅均较小，但是 2000 年之后，专利申请受理数和专利授权数均呈现出快速上涨的态势，反映出 21 世纪以来中国的创新能力得到极大的提升。

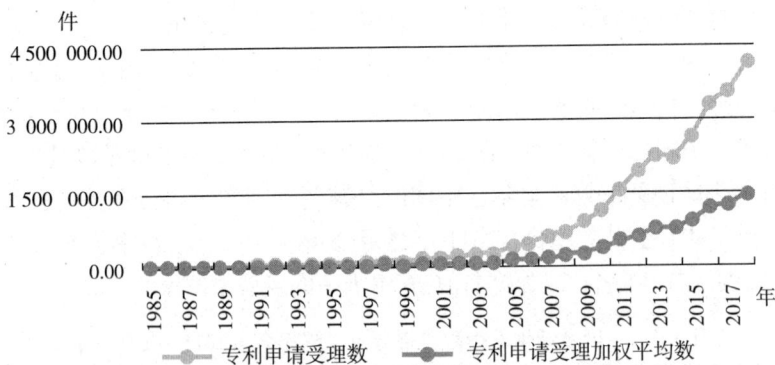

图 3.14　中国专利申请受理数（1985—2017 年）
（资料来源：Wind 数据库）

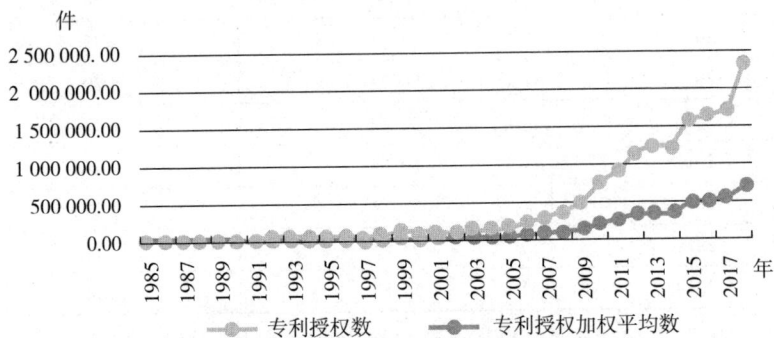

图 3.15　中国专利授权数（1985—2017 年）
（资料来源：Wind 数据库）

由于创新周期长、见效慢，并且需要持续、稳定的资金来源，中国创新能力的提升自然离不开金融的支持，尤其是很多初创型中小企业由于缺乏抵押，很难从资本市场获取资金，因此银行业的信贷资金成为其重要的资金来源。改革开放初期，国有大企业是我国创新的主体，中小企业和其

---

①　借鉴白俊红和卞元超（2016）的研究，本文为外观设计专利、实用新型专利和发明专利分别赋予 0.2、0.3 和 0.5 的权重。

他所有制企业占比很少，因此其创新贡献有限。但是随着经济体制改革的不断深入，中小企业和民营企业在经济中的贡献与时俱进，成为中国最具活力的群体和国民经济的重要支柱，在"六稳"和"六保"方面作用突出①，其企业数量占全国企业数量总数的99%，创造了75%以上的技术创新和80%以上的新产品。结合本章第一节的分析，随着中国金融改革的不断深入，银行业市场结构更加合理，中小银行数量的增加和市场份额的提升，能够在一定程度上缓解中小企业的融资约束，支持其创新发展，进而促进中国经济的腾飞和经济的高质量发展。

3.3　银行业市场结构影响中国经济增长的现状透析

3.3.1　银行业市场结构助力中国经济增长的现状

改革开放以来，中国经济飞速发展，成绩斐然，2010年国内生产总值超过日本，跃居世界第二位，并一直保持至今。如图3.16所示，名义国内生产总值从1978年的3 678.7亿元跃升至2019年的990 865.0亿元，人均国内生产总值从385元增长到70 892元，迈入中等偏上国家行列。改革开放以来中国经济持续40多年高速增长离不开金融业的有力支撑，其中银行业的发展功不可没。根据中国人民银行数据统计，如图3.17所示，2002—2018年新增人民币贷款在社会融资规模中的比重呈波动下降的趋势，但是依旧占据"半壁江山"，截至2019年年底，新增人民币贷款增加16.88万亿元，在同期社会融资规模中的占比仍高达66.01%。

随着经济体制改革的稳步推进，中小企业在国民经济中的贡献越来越大，其企业数量占全国企业数量总数的99%，税收贡献率超过50%，创造了60%的GDP，掣肘其发展的融资问题亟须得到解决。表3.4列示了2015—2019年银行业金融机构的中小企业贷款情况，2015—2018年银行业金融机构为中小企业提供的贷款总量呈显著递增的趋势，同时以股份制商业银行、城市商业银行和农村金融机构为代表的中小银行贷款在银行业金融机构中比值越来越高，说明中小银行在服务中小企业中的作用日趋重要。随着中小银行数量的增加和市场份额的提升，能够为更多中小企业提供更

---

① "六稳"是指稳就业、稳金融、稳外贸、稳外资、稳投资、稳预期；"六保"是指保居民就业、保基本民生、保市场主体、保粮食能源安全、保产业链供应链稳定、保基层运转。

多"门当户对"的金融服务，长期掣肘中小企业发展的融资问题随着银行业市场结构的调整得到一定程度的缓解。2019 年中小企业贷款下降可能与统计口径变动有关，从 2018 年开始，中国银保监会重点统计中小企业单户授信总额 1 000 万元以下的贷款。

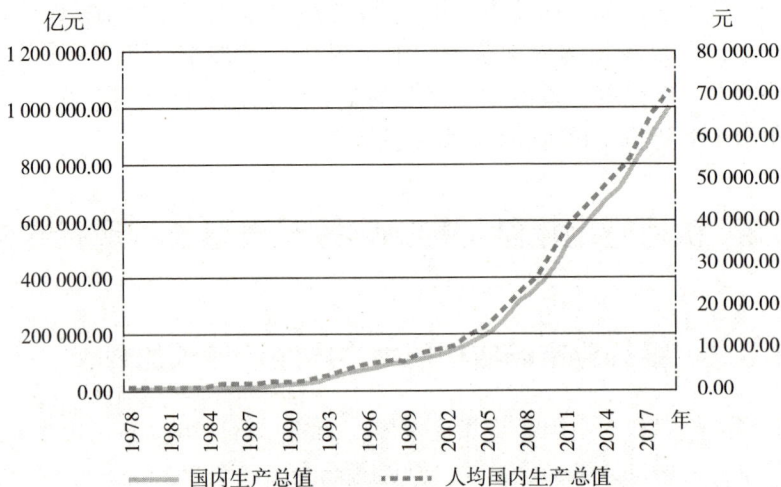

图 3.16　国内生产总值和人均国内生产总值（1978—2017 年）

（资料来源：国家统计局）

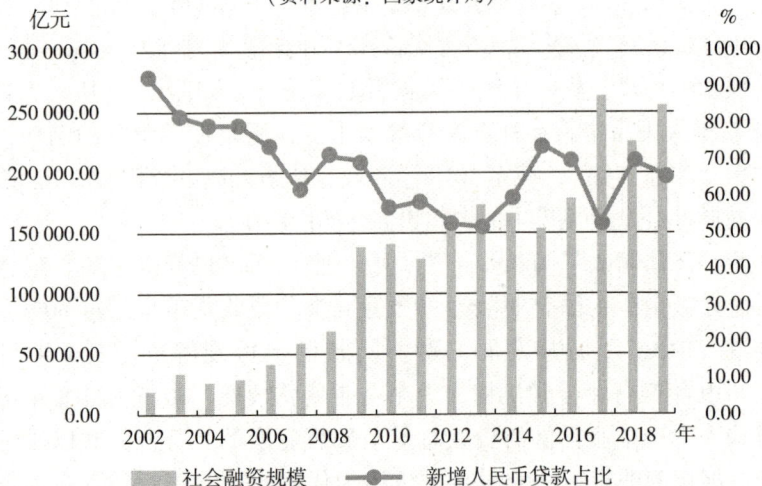

图 3.17　社会融资规模总量及新增人民币贷款占比（2002—2018 年）

（资料来源：Wind 数据库）

中国银行业市场结构正逐步趋于合理，同时大银行和中小银行在金融产品、金融工具和各级金融市场方面展开了激烈的竞争，然而在不同行政级别的行政区域竞争程度不尽相同。就全国而言，国有大型商业银行的市场竞争能力最强，股份制商业银行次之，以城市商业银行、农村商业银行和村镇银行为代表的地方性中小银行业市场竞争力最差。国有大型商业银行和部分股份制商业银行可以全国布局，全国一盘棋，统筹安排其资产与负债，将全国各地吸收的存款以内部转移资金定价（FTP）的形式转移到总行内部资金中心，总行再根据各地资金需求状况分配资金；而城市商业银行和农村商业银行的网点分布局限于所在省份、地市或县域，只能将本地吸收的存款投资于本地企业，当然以城市商业银行和农村商业银行为代表的地方中小银行其宗旨就是服务本地经济、服务本地企业，但是在经济发达地区，中小银行的选择空间更大，而经济欠发达地区，当地银行的选择空间非常有限，因此，综合统筹资产与负债的能力较弱。在省级层面，各类银行的竞争能力与全国层面的情况基本一样，国有大型商业银行的竞争能力较强，而以股份制商业银行和城市商业银行为代表的中小银行业市场竞争能力较弱。但是县域及以下的行政区域，各类银行的竞争能力发生逆转，以城市商业银行和农村商业银行为代表的地方中小银行业市场竞争能力较强，而股份制商业银行和国有大型商业银行的竞争能力相对较弱。究其原因，一方面，可能与股份制商业银行和国有大型商业银行在县域及以下网点较少有关，另一方面，城市商业银行和农村商业银行生于当地，长于当地，对当地产业发展、中小企业经营情况、企业主的个人品质能更加了解，再加上当地政府的大力支持，很多财政资金的进出大部分通过城市商业银行和农村商业银行，因此，县域的地方中小银行业市场竞争能力明显占优。

表 3.4　银行业金融机构中小企业贷款情况

年份	银行业金融机构合计（亿元）	大型商业银行（亿元）	股份制商业银行（亿元）	城市商业银行（亿元）	农村金融机构（亿元）	中小银行占比（%）
2015	234 598	60 195	38 246	37 214	39 230	48.89
2016	267 009	66 483	39 194	45 063	49 944	50.26
2017	307 437	74 225	42 864	53 935	59 971	50.99
2018	334 923	71 022	45 652	62 622	69 619	53.11
2019	116 671	32 571	21 612	17 415	43 207	70.48

资料来源：中国银保监会官网。

中国作为发展中国家的典型代表，其经济增长速度和经济体量在发展中国家中首屈一指，但也存在发展中国家的普遍问题，即二元经济结构问题。新时代中国社会的主要矛盾是人民日益增长的美好生活需要和不平衡不充分发展之间的矛盾，具体到经济金融领域，即区域经济和金融发展差异显著，当然这些差异性既体现在城乡二元方面，同时也体现在东部、中部、西部地区之间的不平衡。在经济发达的东部地区和城市，国有大型商业银行和股份制商业银行设立了较多网点，而在经济欠发达的中西部地区和农村，国有大型商业银行和股份制商业银行的营业网点分布较少，而以农村商业银行、农信社和村镇银行等地方性金融机构布局较多。

中国地域辽阔，区域发展不平衡。东部地区经济发展明显优于中西部地区，本书就当前区域发展不平衡现状进行详细分析，并进一步探究其区域不均衡发展的原因①。图 3.18～图 3.20 分别反映了东部地区代表性省份北京市和天津市，中部地区代表性省份山西省和辽宁省，和西部地区代表性省份四川省和陕西省的经济增长情况。6 个代表性省份的实际 GDP 和人均实际 GDP 均以 1978 年数据定基处理得到，相较于其名义值，实际 GDP 和人均实际 GDP 更能反映 GDP 和人均 GDP 的实际增长情况。从纵向来看，2005—2018 年东部、中部和西部地区的实际 GDP 和人均实际 GDP 均呈递增趋势，表明经济总量增长的同时，中国居民收入水平也普遍得到提高。从横向来看，东部、中部和西部地区实际经济增长存在显著的差异，以人均实际 GDP 衡量的经济增长来看，2018 年东部的北京市和天津市分别为22 201.50 元和 33 248.86 元，中部的山西省和辽宁省分别为 8 954.09 元和16 920.79 元，西部的四川省和陕西省分别为 10 716.50 元和 12 153.99元，东部地区的经济增长水平明显高于中西部地区。

金融作为现代经济的核心，为中国改革开放以来的高速经济增长助力颇多，货币资金的流动可以起到引导实物资源流动的效果，因此，调整银行业市场结构，更好地发挥中小银行在资源配置中的作用是完善中国现代金融体系的重要组成部分。结合银行体系的发展历程和银行业市场结构的现状，可以较好地解读中国经济发展及区域差异的现状。整体来看，银行业市场集中度呈下降的趋势，四大国有银行垄断中国金融市场的格局已得到根本扭转，以股份制商业银行、城市商业银行和农村商业银行为代表的中小银行的崛起为银行业市场的发展注入新鲜血液，居民和企业的金融可

---

① 根据省份的地理区位，国家"西部大开发"战略和"中部崛起"战略的实施范围，东部省份包括北京、天津、河北、上海、江苏、浙江、福建、山东、广东及海南 10 个省份，其余 20 个省份纳入中西部省份的范围（刘贯春等，2019）。

得性明显提高，中小银行利用其服务本地市场的"软信息"优势能够更好地服务于中小企业，对于中小企业的贷款不断增加，促进其资本积累的不断扩大和创新能力的不断提升，更大程度上释放了经济增长的潜能，经济增长也将水到渠成。

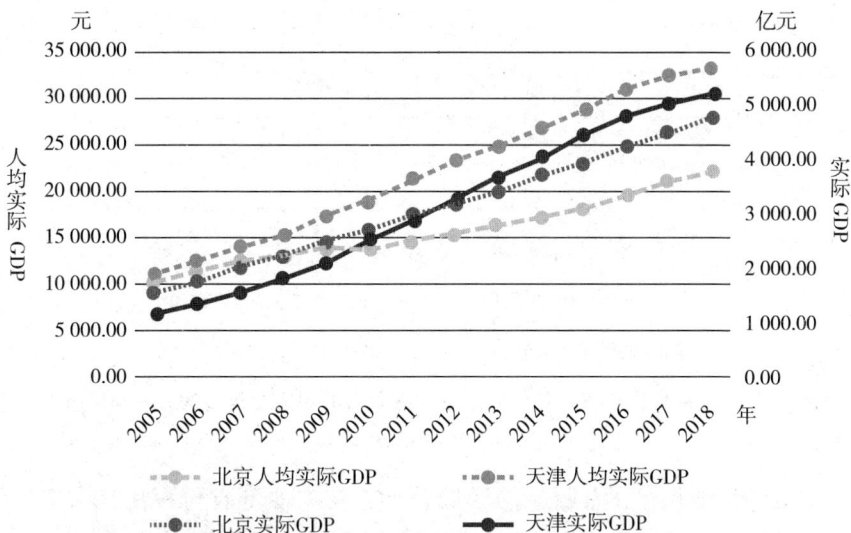

图 3.18　东部地区代表性省份北京市和天津市的经济增长（2005—2018 年）

（资料来源：国家统计局）

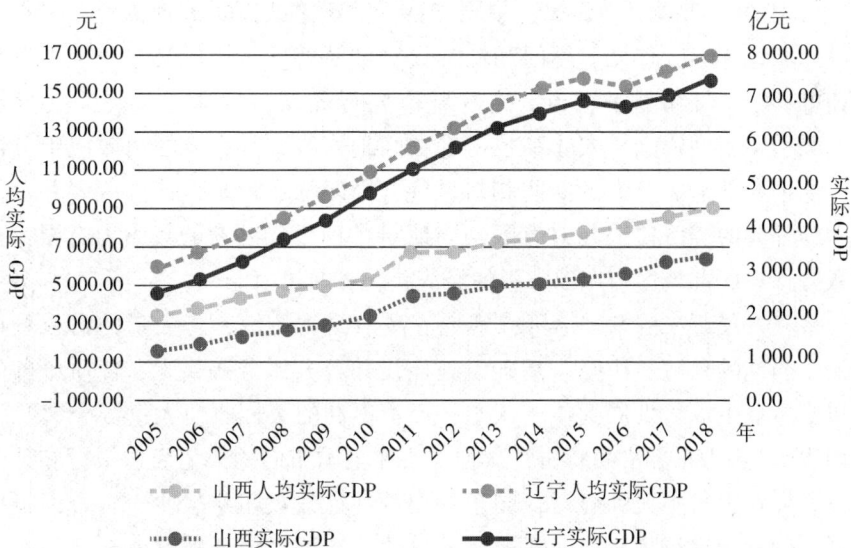

图 3.19　中部地区代表性省份山西省和辽宁省的经济增长（2005—2018 年）

（资料来源：国家统计局）

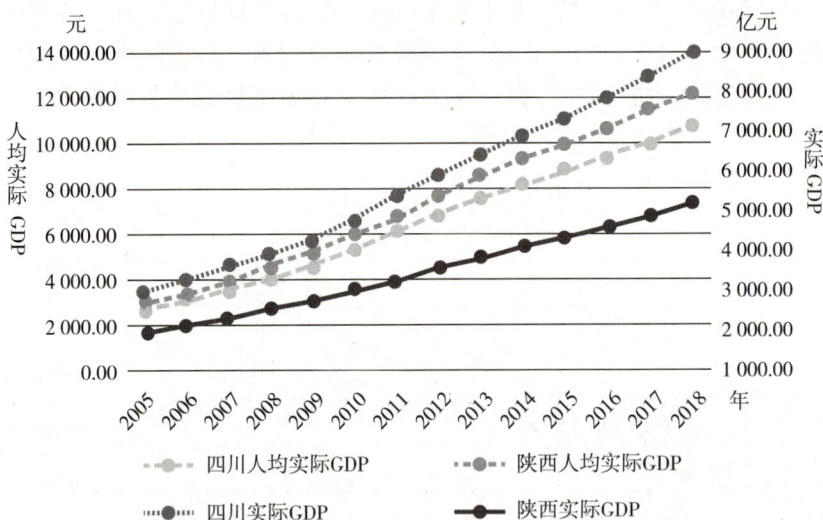

图 3.20　西部地区代表性省份四川省和陕西省的经济增长（2005—2018 年）
（资料来源：国家统计局）

中国经济增长存在着明显的区域差异，与中西部省份相比，东部经济增长水平更高，地区经济增长差异的背后既有历史的原因，同时也与金融、资本积累和创新等现实因素密切相关。

自 1978 年改革开放以来，中国实行了"渐进式"的开放战略，先在东部沿海城市深圳、珠海、厦门和汕头设立经济特区，之后又开放了上海和广州等 14 个东部沿海城市。这些城市先行先试，加速了国际间要素流动，吸引了很多资金、人才和技术等在当地聚集，其经济溢出效应十分巨大，而中西部地区开放的时间相对较晚，同时深居内陆，地理位置并不占优，与外界的经济往来相对有限，当地对各种生产要素的吸引力有限，久而久之，中西部地区与东部省份的经济差距不断拉大。

率先发展起来的东部地区，其地方政府财力雄厚，将大量的财政资金投资于当地的教育、医疗、基础设施建设和公共服务提供上，优质服务的提供为企业生成与发展提供了沃土，资本逐利的天性驱使大量资金"孔雀东南飞"，流入东部沿海省份，这种现象在全国布局的大型商业银行和部分股份制商业银行中尤为显著，囿于中西部地区发展机会较少，资金回报率较低，因此大银行将从中西部地区吸收的储蓄通过内部转移资金定价的方式投放到东部经济发达地区。资金流对实物资源和人力资本具有引导作用（彭建刚，2010），技术、人才、企业家和数据等各种生产要素也呈现出相同的流动趋势。各种生产要素集聚和优质服务的搭配，有利于层次分明的产业链的形成和发展。东部地区的产业，既有改革开放初期形成的以劳动力密集型产业为主的中小企业，同时资金密集型和技术密集型的大企业也逐步发展和壮大起来，随着产业结构的不断转型和发展，银行业市场结构也相应地发生调整，大型国有商业银行在经历了扩张和收缩的发展之后，中小银行逐步发展起来。在此过程中，大银行利用其各方面的比较优势为大企业提供综合性的金融服务，而中小银行主要对接中小型劳动力密集型企业。东部地区融资渠道更加多元化，既有以银行为代表的正规金融市场，同时民间金融市场也很发达，对于长期受融资约束掣肘的中小企业来说，无疑为其提供了多元化的选择，进一步满足了其融资需求。

从银行业市场结构影响经济增长的渠道来看，中小银行数量的增加、市场份额的提升无疑会极大地缓解中小企业的融资约束，进而促进中国经济增长。从资本积累渠道来看，中西部地区中小银行市场份额虽然高于东部地区，但是其资本积累的效果却并不理想。资本积累包括储蓄形成和储蓄向投资转化两个环节，而储蓄向投资转化是资本积累的关键。

从全国来看，中小银行数量和市场份额的提高，有利于中小银行将分布广泛的资金盈余聚拢起来，为投资转化奠定充足的物质来源。储蓄又来源于企业、居民、政府和国外四部门收入的盈余。企业盈余与企业的盈利直接相关，而企业的盈利和企业自身的经营状况、经济周期、所处行业的发展状况以及国际市场需求等密切相关，中国改革开放 40 多年来的经济增长主要依靠投资和出口拉动，因此，企业的盈利和国际市场需求状况匹配程度更高。2008 年国际金融危机之前，国际市场需求旺盛，为中国出口企业创造了巨额的外贸收入，外贸收入的增长为许多劳动力密集型企业积累了大量的盈余，也为中小银行扩充了储蓄来源，中小银行数量的增加和市场份额的提升，无疑加速了中小银行资金规模的储蓄积累，同时由于之前强制结汇制度的实行①，中国积累了全球规模最大的外汇储备，同时资本与金融项目、经常项目都长期呈顺差。当然中小银行从中小企业吸收存款也存在明显的区域差异，以出口导向为主导的外向型中小企业集中分布于东部地区，而中西部省份的中小外贸企业数量有限，东部地区中小银行数量增长的同时，中小企业储蓄增加，因此储蓄形成多于中西部地区。居民储

---

① 2007 年，国家外汇管理局发布了《国家外汇管理局关于境内机构自行保留经常项目外汇收入的通知》，标志着企业强制结汇制度正式退出历史舞台。

蓄来源于个人的可支配收入，储蓄会随着收入的增加而呈递增的趋势。由于东部地区依靠外向型经济快速发展起来，企业获益颇多，与此同时，居民收入相应得到快速增长，居民剩余增加，这也为中小银行提供了充足的储蓄来源。中央政府和地方政府一般基于社会福利最大化原则而制定和实施相关政策。随着改革开放以来中国经济的快速增长和市场化改革不断深入，对于各级政府提出了更高的要求，亟须各级政府弥补市场调节的不足。地方政府投入了大量财政资金来发展教育、科技、医疗、基础设施建设，与此同时，中央政府通过转移支付的形式不断缩小区域差距。相较于各级政府政策性负担的增加，有限的财政资金显得捉襟见肘，尤其是很多中西部地区的地方政府存在严重的发展冲动，积累了大量地方债务，因此各级政府为中小银行储蓄贡献相对有限。中国依靠外向型经济积累了大量的外汇储备，但是巨额的外汇储蓄并未投资于国内发展，而是用于购买美国国债，因此，国外部门的储蓄也不是国内银行储蓄的重要来源。因此，随着中小银行市场份额提升，可以通过从企业和居民部门吸收大量的盈余来扩充中小银行的负债规模，但是由于东部地区经济增速快于中西部地区，因此盈余也明显多于中西部地区，储蓄形成也明显高于中西部地区。

从储蓄向投资转化环节来看，东部与中西部省份差异也很显著。与储蓄形成的分析逻辑一致，东部地区市场化程度更高，非国有、劳动力密集型的中小企业数量多，且市场份额高，中小银行金融服务可供选择的范围很广。而中西部省份产业结构单一限制了当地中小银行金融服务的范围，再加上地方政府的行政干预，中西部省份中小银行的部分金融资源被地方政府融资平台和国有企业挤占。与此同时，东部地区的很多银行都开设了许多特色分支机构，比如，2014 年杭州银行设立合肥科技支行，专门服务于初创期的中小企业。经济发达的东部地区在 1978 年之后陆续开设了各种类型的银行业金融机构，但经济欠发达的中西部省份金融业发展滞后很多，如甘肃省的张掖市、庆阳市、平凉市、白银市 1985 年才有银行业金融机构在该地开设分支机构，陇南市直到 2007 年开始才有银行业金融机构在当地开设分支机构。因此，虽然东部地区银行业市场集中度高于中西部省份，但东部中小银行市场份额的提升能够更有效地实现储蓄向中小企业投资的转化，而中西部省份银企"门当户对"的效果并不理想。

从创新渠道来看，中国银行业市场结构处于持续的动态优化过程中，银行管制不断放松，以股份制商业银行和城市商业银行等为代表的中小银行网点不断扩张，中小银行市场份额不断提升、银行业市场竞争程度不断提升，企业融资可得性明显得到提高，尤其是对那些长期受到融资约束的中小企业来说至关重要（张杰和郑文平等，2017）。广义创新的内涵非常丰富，既有技术层面的，也有非技术层面的，当然技术层面的科技创新更具颠覆性，对生产力的变革影响也是最大的。无论是技术层面的创新，还是非技术层面的创新，都是一个长周期的活动，需要长期的资金投入，因此，如果仅依靠内源融资已很难满足创新投资的需要。

中国的创新发展区域差异显著，表 3.5 展示了各地区代表性省份 2005—2019 年三种专利授权的加权平均数，东部地区创新效果明显优于中西部地区。探究区域创新效果差异背后的动因，金融因素不可或缺，市场环境、创新人才和创新溢出差异性也是重要原因。以北京市、天津市和广东省等为代表的东部省份，金融结构更加合理，尤其是银行业市场结构更趋合理，中小银行数量的增加并且市场份额的提升较好地满足了当地中小企业的创新创业；同时这些省份市场环境更具活力，有利于中小型创新企业的孵化，东部省份国内"双一流"高校林立，为当地科技创新源源不断地输送各类型创新型人才；北京的中关村和以深圳为代表的"中国硅谷"城市产生极大的知识和技术溢出效应，在促进本地创新能力提高的同时，也带动了周边省份创新的发展。中西部省份的创新效果明显相形见绌，当然这既与金融因素的差异有关，也与市场环境、人才等非金融因素密切相关。中西部省份的中小银行市场份额并不低于东部地区，但是日益增多的中小银行在支持中小企业创新方面仍然无法大显身手，原因之一就是中西部省份创新型中小企业数量不足。中西部省份国内一流高校数量稀缺，造成创新型人才明显不足，而且就读于中西部高校的各类人才在毕业之后并没有将中西部省份作为就业首选地，而是被经济增长水平高、就业机会多的东部沿海省份所吸引，引起中西部地区人才流失严重，自然也就无法高效地发挥人才聚集的创新优势。中西部营商环境不佳和市场化程度不高也不利于创新型中小企业的孵化，多种因素的叠加导致中西部省份创新型中小企业数量不足，已有的中小银行自然无法发挥其"门当户对"的金融支撑作用。

表 3.5　各区域代表性省份专利授予加权平均数

年份	北京市	天津市	山西省	辽宁省	四川省	陕西省
2005	3 275.40	911.80	352.50	1 623.40	1 309.60	544.10
2006	3 595.20	1 224.70	400.10	1 904.60	2 012.20	718.00
2007	4 714.60	1 601.70	532.50	2 425.00	2 743.20	982.90

年份	北京市	天津市	山西省	辽宁省	四川省	陕西省
2008	5 742.10	1 957.40	611.80	2 677.10	3 698.40	1 232.60
2009	7 693.60	2 200.20	892.00	3 199.50	5 702.70	1 749.90
2010	10 637.20	3 016.00	1 263.80	4 392.60	8 832.00	2 778.30
2011	13 479.60	3 804.10	1 411.40	5 027.20	7 934.50	3 430.60
2012	16 714.10	5 232.10	1 949.30	5 676.30	11 590.90	4 360.20
2013	19 310.20	6 209.10	2 265.10	5 704.60	12 291.50	5 683.80
2014	22 638.60	6 548.90	2 266.20	5 309.30	12 866.40	6 282.50
2015	30 693.60	9 278.80	2 888.70	7 297.80	18 164.90	9 752.30
2016	33 822.80	9 852.60	2 847.60	7 325.90	17 622.20	14 328.70
2017	36 701.50	10 436.00	3 096.70	7 908.00	18 113.90	10 420.70
2018	40 522.50	13 060.90	3 849.00	9 571.10	23 238.90	11 800.00
2019	48 120.60	17 892.50	5 285.40	13 081.40	25 181.20	14 430.50

资料来源：数据来源于 Wind 数据库，经过作者加权计算，外观设计专利、实用新型专利和发明专利授权数分别赋予 0.2、0.3 和 0.5 的权重。

3.3.2 银行业市场结构影响中国经济增长的评价

1. 从整体来看，中国银行业市场集中度呈下降的趋势，与之相对应的是中小银行市场呈不断递增的趋势，且银行业市场的竞争程度不断提升

随着"三驾马车"的转变，以及中国当前劳动力相对丰裕的要素禀赋特点，中小银行市场份额提升有利于中国经济的行稳致远。改革开放以来的中国经济增长主要依靠投资、出口以及消费"三驾马车"的拉动，过去的投资主要依赖国有企业和地方政府，在当前银行主导型的金融市场条件下，国有企业和地方政府的投资主要依赖商业银行贷款，因此国有企业和地方政府杠杆率高企。新型基础设施建设成为未来投资的主要方向，国有企业和地方政府囿于积累的高杠杆率无法持续投资于新型基础设施建设领域，而民营企业、中小企业还有较大的加杠杆投资的空间。出口和消费本质是国外需求的体现，但是 2008 年国际金融危机之后，欧美主要经济体经济发展放缓，外需疲软。2020 年中央提出了构建"双循环"的战略，其中以国内大循环为主，以此来破解外需疲软之局，结合中国当前的国情，中国拥有全球最大的国内消费市场，消费转型升级过程中为国内中小企业提

供了千载难逢的良机。因此，随着中小银行市场份额的提升，既可以直接满足中小企业的融资需求，促进经济增长，也能够通过资本积累和创新发展的间接渠道助力经济前行。

2. 银行业市场对经济增长的影响存在显著的区域差异

从区域、要素禀赋和发展阶段来看，东部高经济增长地区的银行业市场结构调整能产生更大的经济增长效应，而中西部经济增长较慢地区的银行业市场结构调整产生的经济增长效应较差。东部高经济增长地区的银行业市场结构与其经济增长匹配度更高，因此中小银行市场份额的提升能产生更大的经济增长效应。东部地区吸纳了中国城市化进程中的大部分农村人口，这为改革开放初期经济刚刚起步的东部地区提供了丰富的劳动力，为东部地区外向型经济的发展创造了条件，而外向型经济以劳动力密集型的中小企业居多。因此，中小银行市场份额的提升能更好地与东部地区经济增长相适应。

中西部经济欠发达地区银行业市场结构与当地经济增长的匹配程度较差。中西部省份中很多都是资源型城市，而资源型产业多以资金密集型的大型国有企业居多，鉴于大银行为国有企业提供金融服务的历史和比较优势，大银行主要满足了国有企业的金融需求，产业结构的相对单一必然无法生成与之配套发展的中小企业。中西部省份银行业市场结构主要是以本地的农村商业银行和城市商业银行为代表的地方中小银行为主，这些中小银行跨省经营数量和占比相对有限，主要用本地的储蓄支持当地经济社会发展，资金"孔雀东南飞"的现象在地方性中小银行中发生可能性不大，但当地中小企业数量少，在企业中占比有限，优质中小企业更是凤毛麟角，所以造成当地中小银行很多都会面临"资产荒"的窘境。

中小银行客户集中度较高的现象在资源型地区尤其严重。资源型地区产业结构相对单一，当地政府面临着 GDP 增长、解决就业、完善基础设施建设和提供公共服务等多重目标，因此这些地区的地方政府有动力继续发展资源型产业以促进经济增长的同时实现上述目标，长期来看，难免对资源型产业形成路径依赖，短期内转型困难。资源型产业呈现典型的周期性特点，在经济增长较快的时期，国内外基础设施建设增速很快，对钢铁、水泥和煤炭等资源型产品需求很大，这样带来了资源型地区经济的飞速发展，但是经济形势一旦遇冷，如 2008 年国际金融危机就是典型的"分水岭"，国内外经济增长明显放缓，内外需求增长乏力，资源型地区的经济增速一落千丈，当地中小银行不良贷款激增，信用风险暴露无遗，如果储蓄和资本不大量增加的情况下，其为中小企业新增信贷支持的能力相当有限，无疑会影响中小银行服务中小企业的效果。

2008 年国际金融危机之后，中西部省份经济转型相对较慢，比如山西省、辽宁省和吉林省等资源型省份长期以来很难摆脱"资源魔咒"，新的经济增长动能培育周期长、见效慢，包括银行业在内的各种金融机构"资产荒"的问题更加凸显。大银行可以通过服务国有大企业而获利，而很多中小银行"资产荒"现象更严重，缺乏优质的中小企业供其服务，因此，很多中小银行脱离其主责主业，转而与大银行争抢大企业、大客户，"垒大户"现象严重，这既是银行短视、片面追求利益最大化的体现，也是很多中小银行的无奈之举。虽然近几年来中西部省份在承接东部地区产业转移中生成了部分中小企业，为当地中小银行提供了更多的客户选择，但是国际局势动荡不安、贸易保护主义抬头和"黑天鹅"事件频发等为中国区域间的产业转移带来了诸多不确定性，很多原本打算向内陆省份转移的中小劳动力密集型企业为了规避不确定性风险，进而转移到东南亚国家，这对于原本"资产荒"严重的中小银行来说无疑是雪上加霜。与大银行相比，中小银行的资金成本更高，加上与大银行争抢大企业、大客户，势必大幅压缩了中小银行的利润空间，如果资金链断裂，客户集中度较高的中小银行经营风险骤升，锦州银行和包商银行的经营危机就是最好的例证。

3. 银行业市场结构影响中国经济增长的过程中，地区营商环境的差异导致银行业市场结构调整产生的经济增长效应不同

东部地区的营商环境普遍较好，而中西部地区的营商环境并不具优势（见表 3.6），企业的经营发展存在较大的制度障碍。因此，中西部地区中小银行市场份额提升的经济增长效应明显不足，与区域禀赋相匹配的银行业市场结构才能最大限度地释放经济增长潜能，进而促进经济增长。

表 3.6　各地区代表性省份营商环境指数及排名

年份/排名	北京市	天津市	山西省	辽宁省	四川省	陕西省
2008	3.25	3.24	2.93	3.13	3.07	3.02
全国排名	4	5	30	8	16	21
2012	3.17	3.44	2.94	3.05	3.05	3.01
全国排名	3	1	26	13	15	20
2016	3.72	3.71	3.33	3.55	3.44	3.53
全国排名	4	5	29	17	24	19

资料来源：王小鲁、樊纲和马光荣《中国分省企业经营环境指数 2017 年报告》中第 2~9 页内容。

4. 银行业市场结构的调整需要伴随经济结构变化而动态调整

从国际比较来看，大部分东欧国家采用激进式的改革均以失败而告终，而中国是经济成功转型的典型案例，这很大程度上得益于中国渐进式改革方案的实施。中国从改革开放初期的计划经济转型为当前的社会主义市场经济体制，国有经济在民营经济中的占比呈下降的趋势，与之相对应的是民营企业，尤其是民营中小企业在国民经济中占比逐步上升，为了更好地满足经济结构的转变，中国的银行业市场体系和市场结构随之转型，从改革开放初期的四大专业银行与中央银行并存的银行体系发展为当前多元化的银行业市场体系。因此，银行业市场结构并非是一成不变的，而是需要伴随经济结构动态调整的。

5. 从银行类型来说，大银行为大企业服务的金融供给能力和供给意愿较强，中小银行中地方性小银行金融供给能力和金融供给意愿有待进一步提高

以四家资产规模最大的大型国有商业银行为代表的大银行均已完成股改并上市融资，大银行现在的服务对象主要是以国有大企业为主，基本实现了银企"门当户对"。本书的中小银行既包括全国经营的股份制商业银行，同时也包括以城市商业银行和农村商业银行为代表的地方性银行，12家股份制商业银行中大多经过股改后实现上市融资，因此对于中等规模的股份制商业银行来说，其资本补充渠道更加多元化，其为中小企业提供金融供给的能力较强。而以城市商业银行和农村商业银行为代表的地方性银行，生于当地，长于当地，由于金融监管当局对于跨省经营监管趋严，因此，对于大多数城市商业银行和农村商业银行来说，其经营范围只能局限于当地，再加上地方性商业银行很多没有上市，导致其资本补充渠道非常有限。此外，近几年地方性商业银行"垒大户"经营的问题非常严重，大客户信贷投放较多，占用了地方性商业银行大量的资本金，如果地方性商业银行的资本无法得到及时有效地补充，那么必定限制其进一步服务中小企业的金融供给能力。

6. 银行业市场结构调整不能忽视其影响经济增长的资本积累和创新发展渠道

银行业市场结构影响中国经济增长的渠道既包括直接渠道，也包括资本积累和创新发展的间接渠道。对于经济欠发达的中西部地区来说，资本积累对其经济增长的影响效应更大；而对于当前经济领跑于全国的东部地区来说，资本积累对于经济增长的作用也很显著，但是在高质量发展背景

下，其经济增长的动能越来越依赖创新发展所产生的经济溢出效应，因此，制定银行业市场结构调整政策的过程中不可"一刀切"，应该因时因地制定优化各地区的银行业市场结构的相关政策。

综合以上分析不难发现，中小银行市场份额的提升和竞争能力的提升并不是支持经济增长的充要条件，即中小银行的市场份额并不是越大越好，只有在中小银行市场份额提升过程中更好地满足了实体经济的金融需求，尤其是很好地满足了中小企业的创新和资本积累需要，这样银行业市场结构调整的正向作用才是显著的，才能符合金融供给侧结构性改革的初衷和预期，更好地促进经济又好又快发展。当然，在有效支持实体经济发展的过程中，还有诸多因素影响着市场结构调整所产生的经济效果，既有历史原因形成的路径依赖，同时也和区域间营商环境、禀赋和地理区域等原因密切相关。

3.4　本章小结

本章系统梳理了中国银行业市场结构和经济增长的发展历程，同时对经济增长中资本积累和创新的现状进行深刻剖析。中国银行业市场结构历经从"一元化"向"多元化"发展的演进格局，在此背景下，随着中小银行市场份额的提升和银行业市场竞争程度的提升，使得在国民经济中贡献突出的中小企业的融资可得性大幅提高，加速了其资本积累和创新的脚步，进而促进了中国经济高速增长。

本章还对区域经济发展不平衡的内在原因进行了深入剖析，东部地区经济增长明显快于中西部地区，这是多方面因素综合作用的结果。其中金融因素至关重要，东部地区中小银行市场份额虽然低于中西部地区，但是其与当地禀赋和发展阶段匹配度更高，因此东部地区银行业市场调整的经济增长效应明显高于中西部地区。东部地区经济的高速增长还与其优越的地理区位、良好的营商环境和汲取中国改革红利的时滞短等因素相关。本章关于银行业市场结构对中国经济增长影响的分析，一方面，总结了银行业市场结构调整对中国经济增长影响的成功经验；另一方面，梳理出银行业市场结构在影响经济增长中的不足之处，为下一章实证分析奠定基础。

第4章 银行业市场结构影响中国经济增长的实证分析

本章将对银行业市场结构影响经济增长的直接效应，以及通过资本积累和创新渠道影响经济增长的间接效应进行实证检验，以进一步验证第2章中银行业市场结构对中国经济增长的影响机理、作用渠道以及第3章银行业市场结构影响中国经济增长现状中发现的问题。

4.1 银行业市场结构影响中国经济增长直接效应的实证分析

本小节通过中国省际面板数据，采用 OLS、固定面板和系统 GMM 等估计方法验证银行业市场结构影响经济增长的直接效应。

4.1.1 模型设定

基于银企规模相匹配、提高中小银行市场份额以促进中国经济增长的视角，研究银行业市场结构对中国经济增长的影响。第2章关于银行业市场结构直接影响经济增长的理论机理和数理建模分析共同表明，当前中国企业发展的重点应该是中小企业，大银行和中小银行金融供给意愿和金融供给能力的差异性决定了与中小企业金融需求"门当户对"的金融机构主要是中小银行，鉴于中小企业在国民经济中的作用日益凸显，但掣肘其融资难、融资贵的问题长期无法得到有效缓解，因此，提升中小银行市场份额是助推中国经济增长的有效途径之一。结合第3章中国银行业市场结构影响经济增长的现状分析，中小银行市场份额提升的经济增长效应可能因为不同省份经济发展阶段、禀赋条件和地理区位等因素的不同而产生差异化影响。鉴于此，为进一步验证银行业市场结构影响中国经济增长的直接效应，故设定以下计量模型：

$$\ln RJGDP_{it} = \alpha_0 + \alpha_2 Es_{it} + \sum_{k=2}^{n} \alpha_k X_{it} + \varepsilon_{it} \qquad (4.1)$$

鉴于经济增长存在惯性，本文将经济增长滞后一期纳入模型，第二个计量模型设定如下：

$$\ln RJGDP_{it} = \beta_0 + \beta_1 \ln RJGDP_{it-1} + \beta_2 ES_{it-2} + \sum_{k=3}^{n} \beta_k X_{it} + \mu_{it} \quad (4.2)$$

在式（4.1）和式（4.2）中，i 和 t 分别表示时间和地区；$\ln RJGDP_{it}$ 为被解释变量，表示经济增长水平，$\ln RJGDP_{it-1}$ 为经济增长的滞后一期；Es_{it} 为核心解释变量，表示银行业市场结构，X_{it} 表示一组控制变量。在理论模型推导中，仅考虑银行业市场结构对经济增长的影响效应，并未涉及其他因素，借鉴林毅夫和孙希芳（2008），刘贯春等（2019）的研究，政府支出（Gov_{it}）、对外贸易（$Trade_{it}$）、外商直接投资（FDI_{it}）、非国有化率（Soe_{it}）、人力资本（Edu_{it}）和金融发展水平（Fin_{it}）等也是影响经济增长的重要因素，故将这些因素纳入实证模型。

为科学评估银行业市场结构对中国经济增长的影响，本书分别使用 OLS、固定效应和随机效应方法对模型（4.1）进行估计，使用差分 GMM 和系统 GMM 对模型（4.2）进行估计。相较于差分 GMM，系统 GMM 结合了水平方程和差分方程同时进行估计，可以有效提高估计效率。鉴于两种 GMM 估计方法的差异性，以及估计结果稳健性的考虑，本文报告了两种 GMM 方法的估计结果，同时对扰动项的序列相关性和工具变量的有效性进行检验。

4.1.2　变量设定与数据说明

1. 被解释变量：经济增长（$\ln RJGDP_{it}$）

本书选取人均实际 GDP 度量经济增长，为了剔除价格因素的影响，将各省份名义人均 GDP 折算为 1978 年为基期的价格，然后取自然对数。

2. 核心解释变量：银行业市场结构（Es_{it}）

对于银行业市场结构的研究，林毅夫和孙希芳（2008）采用四大国有商业银行之外的其他银行贷款占比来进行衡量，但囿于数据的可得性，本书无法使用该指标。因此，借鉴蔡卫星（2019）的研究，本书采用工、农、中、建四大银行之外的其他商业银行分支机构数量在所有商业银行分支机构数量中的占比来衡量银行业市场结构，中国银保监会网站上各银行分支机构许可证数据为本书的研究提供了可能。为了实证结果估计的稳健性，使用大型商业银行、股份制商业银行、城市商业银行、农村合作金融机构以及邮政储蓄银行五类银行分支机构网点数的赫芬达尔指数（HHI）来进行稳健性检验。

3. 控制变量

（1）政府支出（Gov_{it}）

改革开放 40 多年来，无论是中央政府，还是各级地方政府在直接调控和间接调控资源配置、促进经济社会发展中作用显著。新时代中国经济高质量发展仍然需要更好地发挥"有为政府"的作用。本书采用各省份政府公共财政支出占 GDP 的比重来反映政府支出。

（2）对外贸易（$Trade_{it}$）

进出口贸易可以充分发挥不同国家各自的比较优势，有效促进技术进步和工业生产率的提高。本书采用各省份进出口贸易总额占 GDP 的比重来衡量对外贸易。

（3）外商直接投资（FDI_{it}）

外商直接投资在促进人才交流、便利技术转移等方面作用显著。本书采用各省份外商直接投资总额占 GDP 的比重来衡量外商直接投资。

（4）非国有化率（Soe_{it}）

相较于生产效率较低的国有经济，生产效率相对较高的非国有经济在促进物质资本积累、支持创新和全要素生产率提升方面大有裨益。本书采用非国有固定资产投资在地区固定资产投资总额中的比重来衡量非国有化率。

（5）人力资本（Edu_{it}）

人力资本是提升劳动力生产效率、促进经济增长的有效途径。本书采用人均受教育年限来衡量人力资本，对于文盲、小学、初中、高中（职高）、大专及以上的受教育年限分别赋值为 2 年、6 年、9 年、12 年和 16 年。

（6）金融发展水平（Fin_{it}）

发展中国家经济增长踌躇不前的重要原因在于落后的金融市场和金融抑制的制约，通过金融深化和金融发展能够有效地聚集资金、管理风险和支持创新，进而实现经济增长的目的。本书采用金融机构本外币贷款占 GDP 的比重来衡量金融发展水平。

本书选取了中国大陆 30 个省份 2005—2018 年的数据①，相关数据来源于 Wind 数据库、《中国统计年鉴》、各省份统计年鉴、国家统计局官网和中

---

① 因西藏自治区的相关数据缺失，且数据质量不高，故未将西藏自治区纳入样本省份。

国银保监会官网。

表 4.1　指标选取和其度量方式

变量类型	基本定义	变量名	度量方式
因变量	经济增长（元）	$\ln RJGDP_{it}$	各省份人均 GDP 折算成 1978 年价格后取对数
解释变量	银行业市场结构（%）	Es_{it}	工、农、中、建四大行之外的中小银行分支机构数量占比
控制变量	政府支出（%）	Gov_{it}	财政支出/地区 GDP
	对外贸易（%）	$Trade_{it}$	进出口总额/地区 GDP
	外商直接投资（%）	FDI_{it}	外商直接投资/地区 GDP
	非国有化率（%）	Soe_{it}	非国有固定资产投资/地区固定资产投资总额
	人力资本（年）	Edu_{it}	平均受教育年限
	金融发展水平（%）	Fin_{it}	本外币贷款余额/GDP

表 4.2　变量的描述性统计

变量名	样本量	均值	最小值	最大值	标准差
$\ln RJGDP_{it}$	420	8.9183	7.2151	10.7112	0.6465
HHI	420	0.3186	0.2385	0.4803	0.0370
Es_{it}	420	0.6410	0.2565	0.8038	0.0967
Gov_{it}	420	0.2196	0.0475	0.6274	0.0972
$Trade_{it}$	420	0.2714	0.0008	1.7215	0.3251
FDI_{it}	420	0.0229	0.0001	0.0961	0.0183
Soe_{it}	420	0.7060	0.4191	0.9042	0.1091
Edu_{it}	420	8.5272	5.7512	13.3143	1.1776
Fin_{it}	420	1.2084	0.5372	2.5847	0.4330

4.1.3　实证结果分析与讨论

1. 基本回归

表 4.3 是模型（4.1）和模型（4.2）的估计结果，第一列表示解释变量，第二列（OLS）、第三列（FE）和第四列（RE）分别表示静态面板模

型（4.1）的 OLS、固定效应和随机效应估计结果，第五列（DIF-GMM）和第六列（SYS-GMM）分别表示动态面板模型（4.2）的差分 GMM 和系统 GMM 估计结果。首先对模型（4.1）进行方差膨胀因子 VIF 检验，变量的最大 VIF 值，远小于 10，因此不存在多重共线性。

表 4.3　银行业市场结构影响经济增长的全样本回归结果

变量名	静态模型			动态模型	
	OLS	FE	RE	DIF-GMM	SYS-GMM
$\ln RJGDP_{it}$ (-1)				0.7552 ***	0.8441 ***
				(0.0431)	(0.0531)
Es_{it}	1.2159 ***	1.1419 ***	1.1389 ***	0.4885 ***	0.5141 **
	(0.1601)	(0.3111)	(0.3022)	(0.0763)	(0.2330)
Gov_{it}	0.1678	0.4229	0.2159	0.2279	0.0180
	(0.2271)	(0.3538)	(0.3577)	0.1589	(0.1535)
$Trade_{it}$	0.5882 ***	0.0664	0.1424 *	0.2211 *	0.1151 **
	(0.0647)	(0.1073)	(0.0812)	(0.1734)	(0.0514)
FDI_{it}	3.8815 ***	1.5558	1.8844	1.2906 **	1.4705 **
	(0.9252)	(1.2288)	(1.2396)	(1.0747)	(0.6246)
Soe_{it}	1.0005 ***	0.5859 **	0.6539 **	0.2666 **	0.0333
	(0.1729)	(0.2587)	(0.2577)	(0.1234)	0.1126
Edu_{it}	0.2877 ***	0.3575 ***	0.3645 ***	0.0092	0.0331 **
	(0.0198)	(0.0664)	(0.0639)	(0.0057)	0.0135
Fin_{it}	0.2398 ***	0.2220 ***	0.2429 ***	0.0611 **	0.0300
	(0.0507)	(0.0764)	(0.0694)	(0.0184)	(0.034)
Constant	4.4043 ***	4.3097 ***	4.1961 ***	0.5327 ***	0.7289 ***
	(0.1461)	(0.3719)	(0.3281)	(0.1553)	(0.1503)
AR（1）				0.0080	0.0230
AR（2）				0.5790	0.5270
Hansen 统计量				0.3170	0.3300
R^2	0.7991	0.8965	0.8957		
样本数	420	420	420	360	390

注：*、**和***分别表示 10%、5% 和 1% 的显著性水平。括号内为对应变量的稳健标准误。

表4.3结果显示，静态面板和动态面板中，中小银行市场占比代表的银行业市场结构都很显著，中小银行市场占比每增加1%，中国人均实际GDP将增加0.4885%~1.2159%，反映了中小银行市场份额的提高能够显著助推中国经济增长。诚然，中国经济自改革开放以来实现了40多年的高速增长，但资本相对短缺的要素禀赋现状尚未得到根本改变（林毅夫和孙希芳，2008）。中小企业在税收、吸收就业和创造国内生产总值方面贡献巨大，但掣肘其发展的融资约束难题尚未得到根本缓解，融资难、融资贵的问题长期存在，其原因之一在于不合理的银行业市场结构。以四大国有银行为代表的大银行长期主导中国金融市场，中小银行市场份额较低，无法有效满足中小企业的融资需求。随着中国金融改革的稳步推进，中国银行业市场的准入门槛逐步降低，中小银行的市场份额不断提升。股份制商业银行纷纷在全国各地开设分支机构；支持本地经济发展的城市商业银行和农村商业银行如雨后春笋般在各地涌现，一定程度上有效满足了当地企业的融资需求，支持了当地经济增长；民营银行的成立对于打破中国商业银行长期国有垄断、促进银行产权结构多元化和金融市场公平竞争等诸多方面大有裨益。因此，以股份制商业银行、城市商业银行和农村商业银行等为代表的中小银行的崛起极大地提高了中小银行的市场份额，合理优化了中国银行业市场结构。

大银行和中小银行在金融供给能力和金融供给意愿方面差异显著。中小银行在"软信息"搜集方面具有比较优势，产权结构的多元化决定其经营决策的灵活性，以及较高的资金成本决定了中小银行必须对接中小企业高风险的融资需求。中小银行能够有效搜集中小企业的"软信息"，因此更擅长服务中小企业。相较于四大国有商业银行，中小银行股权结构更加多元化，经营中所有制歧视程度相对有限，可以更灵活地选择金融服务对象，中小企业自然成为其理想的服务对象。以四大国有商业银行为代表的大银行凭借其庞大的资产规模和众多营业网点的优势提高了自身议价能力，加上优先从央行获得低息资金，诸多因素合力降低了大银行的资金成本；而中小银行营业网点少且议价能力不高，同时受到流动性分层的影响，必然抬高中小银行的资金成本。资金成本的差异导致两类银行经营策略的差异性，大银行因其低资金成本优势，贷款风险偏好小，大企业和国有企业自然成为其理想的选择；囿于较高的资金成本，中小银行风险偏好高，因此中小企业成为其理想的服务对象。中小企业作为中国最具活力的群体和国民经济的重要支柱，在税收、创造GDP、技术创新和新产品生产等方面贡献突出，加大与之经济贡献相匹配的金融供给无疑是助推中国经济持续增长的有效途径。因此，随着中小银行市场份额的提高，经济增长呈递增的趋势。

控制变量中，政府支出、对外贸易、外商直接投资、非国有化率、人力资本和金融发展的系数为正，说明随着政府支出的提高、进出口贸易的增长、本国吸收外商直接投资的增加、非国有固定资产投资的提高以及平均受教育年限的提高，均能有效助推中国经济增长。经济增长的滞后一期在 1% 的显著性水平通过检验，表明中国经济增长存在明显的惯性，上一年的经济增长对当年的经济增长有明显的促进作用。系统 GMM 和差分GMM 的估计结果均接受了扰动项存在一阶自相关的假设，拒绝扰动项存在二阶自相关的假设，Hansen 检验拒绝工具变量存在过度识别的假设。

2. 进一步分析

考虑到银行业市场结构调整的经济增长效应受到区域经济发展阶段差异的影响，本书利用 2018 年人均实际 GDP 均值作为分组依据，将 30 个省份划分为高水平经济发展地区和低水平经济发展地区。北京、天津、内蒙古、辽宁、上海、江苏、浙江、福建、山东、广东和重庆 11 个省市属于高水平经济发展地区，其他 19 个省份属于低水平经济发展地区。鉴于系统GMM 模型比差分 GMM 模型更加有效，进一步分组检验中只报告系统 GMM模型的估计结果。表 4.4 列示了区分经济发展阶段的系统 GMM 估计结果。经济增长滞后一期的系数显著为正，说明上一期的经济增长对当期经济增长的影响显著为正。在 1% 的显著性水平，中小银行市场份额占比的系数显著为正，说明随着中小银行市场份额的增加，高水平经济发展地区和低水平经济发展地区均实现经济显著增长。

对比银行业市场结构的系数可知，高水平经济发展地区银行业市场结构调整对经济增长的影响相对更大。不难理解，在高水平经济发展地区，中小企业数量多、占比大，经济的活跃度和市场化水平更高；而在低水平经济发展地区，国有大中型企业数量多、占比大，经济的市场化水平相对较低。因此，中小银行市场份额占比的提高更好地满足了经济高水平地区中小企业的融资需求，能够更有效地促进当地经济增长。控制变量中，人力资本的提高，即平均受教育水平的提高，能够显著促进经济增长的提高。两组样本省份的估计结果均拒绝存在二阶自相关的假设，Hansen检验拒绝工具变量存在过度识别的假设。

表 4.4 区分经济发展阶段的系统 GMM 估计

变量名	高水平经济发展地区	低水平经济发展地区
$\ln RJGDP_{it}(-1)$	0.7186 *** (0.0962)	0.8252 *** (0.0343)
Es_{it}	1.5097 *** (0.5132)	0.42255 *** (0.1572)
Gov_{it}	−0.2376 (0.6069)	0.1737 (0.1413)
$Trade_{it}$	0.0877 ** (0.0401)	0.1397 (0.1339)
FDI_{it}	3.0678 *** (1.0810)	0.5624 (0.8648)
Soe_{it}	0.4441 ** (0.2070)	0.1008 (0.0935)
Edu_{it}	0.0428 * (0.0253)	0.0381 *** (0.0122)
Fin_{it}	0.0553 (0.0474)	0.0085 (0.0186)
Constant	0.8837 ** (0.4361)	0.8449 (0.1263)
AR (1)	0.0390	0.0790
AR (2)	0.1800	0.9480
Hansen（p 值）	0.8930	0.9010
样本数	143	247

注：*、**和***分别表示 10%、5% 和 1% 的显著性水平。括号内为对应变量的稳健标准误。

银行业市场结构对经济增长的影响效应还存在禀赋差异。本书认为禀赋的内涵非常丰富，既包括传统的自然资源，也包括地理区位、改革政策的先后顺序和营商环境等。本书将 30 个省份划分为东部省份和中西部省份，根据省份的地理区位，国家"西部大开发"战略和"中部崛起"战略的实施范围，东部省份包括北京、天津、河北、上海、江苏、浙江、福建、山东、广

东及海南 10 个省份，其余 20 个省份纳入中西部省份的范围（刘贯春等，
2019）。在动态面板模型的基础上，以东部省份为基准加入中西部省份虚拟变
量（west），同时加入中西部省份与银行业市场结构的交互项（Es×west），分
析银行业市场结构对经济增长的禀赋异质性影响。

表 4.5 第二列报告了禀赋异质性影响的估计结果。结果表明，经济增长
惯性依旧存在，银行业市场结构调整对经济增长的影响显著为正。中西部
省份的虚拟变量通过了 10% 显著性检验。中西部省份与银行业市场结构的
交互项显著为负，说明相较于东部省份，中西部省份银行业市场结构调整
对经济增长的影响明显减弱。这是因为中西部省份以资源型经济发展为
主，资源型企业多以大型国有企业居多，中西部省份地处内陆，对外经济
交往活动贫乏，且汲取改革红利的时滞较长，营商环境较差；而东部省份
地理位置优越，其经济增长以外向型经济为主，而外向型企业大多以劳动
力密集型的中小企业居多，对外经济交往密切，加上汲取中国渐进式改革
红利的时滞较短和良好的营商环境，因此，中西部省份银行业市场结构调
整对经济增长的促进作用相对有限。

2005—2018 年，中国经历了 2008 年国际金融危机，经济增速明显放
缓，亟须包括金融改革在内的各项改革发力，充分释放改革红利以促进中
国经济行稳致远。为了验证 2008 年国际金融危机前后银行业市场结构调整
对经济增长的差异性，本书在动态面板模型的基础上，以金融危机发生前
的时间为基准加入金融危机发生后的时间虚拟变量（dyear），同时加入金融
危机发生后与银行业市场结构的交乘项（Es×dyear）[1]。

表 4.5　禀赋和时间差异性检验

变量名	中西部省份虚拟变量	金融危机后的虚拟变量
$\ln RJGDP_{it}$ (−1)	0.9025***	0.7275***
	(0.0409)	(0.0482)
Es_{it}	0.7196**	0.4215*
	(0.3553)	(0.2243)
$Es×west$	−0.5869*	
	(0.3421)	

[1]　鉴于 2008 年发生了国际金融危机，但真正对经济增长产生影响始于 2009 年，因此将
2005—2008 年设定时间虚拟变量为 0，2009—2018 年设定时间虚拟变量为 1。

变量名	中西部省份虚拟变量	金融危机后的虚拟变量
$west$	0.3483*	
	(0.2483)	
$Es×dyear$		0.5095*
		(0.2759)
$dyear$		−0.3016*
		(0.1777)
Gov_{it}	0.0184	−0.0162
	(0.1052)	(0.1855)
$Trade_{it}$	0.0772*	0.2017***
	(0.0479)	(0.0736)
FDI_{it}	1.3811**	1.8298***
	(0.5634)	(0.5967)
Soe_{it}	−0.1013	0.1469
	(0.0713)	(0.1412)
Edu_{it}	0.0223*	0.0613***
	(0.0125)	(0.0142)
Fin_{it}	−0.0111	0.0643*
	(0.0285)	(0.0367)
Constant	0.3577**	1.3976***
	(0.1545)	(0.2577)
AR（1）	0.0300	0.0150
AR（2）	0.9640	0.7530
Hansen（p值）	0.1130	0.4220
样本数	390	390

注：*、**和***分别表示10%、5%和1%的显著性水平。括号内为对应变量的稳健标准误。

表4.5第三列报告了2008年国际金融危机前后银行业市场结构影响经济增长的估计结果。金融危机的时间虚拟变量通过了10%显著性检验，且系数为负，表明金融危机的发生明显抑制了中国经济增长。而金融危机时间虚拟变量与银行业市场结构的交互项显著为正，说明相较于金融危机发生前，银行业市场结构调整对经济增长的促进作用明显增强。2008年国际

金融危机前，中国经济增长主要由依靠粗放式的投资和出口来拉动，国际金融危机后，逐渐暴露出这种粗放式增长模式的诸多弊端和不可持续性，粗放式投资的边际产出不断下降，中国的出口市场大幅萎缩，亟须探寻新的经济增长动能。鉴于中小企业在增加产出、吸纳就业以及创新等诸方面的优势，中小企业健康发展无疑成为继续助推中国经济行稳致远的重要动力源之一[①]。在当前高质量发展背景下，粗放式投资促进经济增长的模式已难以为继，其经济增长效果也呈边际递减的趋势，国内金融结构性和体制性调整势必释放更多的改革红利，增加中小银行的数量并提高中小银行的市场份额，势必为中小企业发展提供更多的金融支持以缓解其融资约束和支持其创新，中国经济的稳定增长也将顺理成章。

3. 稳健性检验

中小银行业占比作为银行业市场结构度量指标仅能反映银行业市场的规模结构，而未能考虑银行业市场的组织结构，即银行业市场的竞争情况。因此，本书借鉴粟勤和肖晶（2015）的研究，采用 2005—2018 年大型商业银行、股份制商业银行、城市商业银行、农村合作金融机构（小型农村金融机构）以及邮政储蓄银行五类银行分支机构网点数的赫芬达尔指数（HHI）进行稳健性检验，该数据来源于 Wind 数据库。表 4.6 列示了静态面板模型与动态面板模型的稳健性估计结果。结果显示，以赫芬达尔指数度量的银行业市场结构指标与经济增长显著负相关，说明随着银行业市场竞争程度的增强，中国经济增长呈递增的趋势。随着中国金融改革的不断深入，国有大型商业银行垄断的市场格局正逐渐被打破，而以股份制商业银行、城市商业银行和农村商业银行等为代表的中小银行正在不断崛起。竞争型银行业市场结构与中小银行市场份额占比提高，二者虽有侧重，但都殊途同归，都能有效促进中国经济增长。滞后一期经济增长的系数显著为正，说明经济增长存在显著的时间累积效应。控制变量中，政府支出、人力资本与经济增长的系数显著为正，说明政府支出的增加和人力资本积累是促进经济增长的有效途径。差分 GMM 估计和系统 GMM 估计均拒绝扰动项存在二阶序列相关的假设，Hansen 检验拒绝工具变量过度识别的假设。

---

① 2017 年中国中小企业投资发展论坛上，时任国务院发展研究中心企业研究所所长、研究员马骏指出：“没有中小企业的发展，就没有中国经济的快速发展。中小企业是新动力的两方面表现，一是增加经济总量和就业总量。二是量大面广的中小企业实质是在尝试不同的生产经营方式，是在技术、管理、市场、商业模式等不同领域开展创新，只有创新者才能生存发展。”

表 4.6　稳健性回归结果

变量名	静态模型			动态模型	
	OLS	FE	RE	DIF-GMM	SYS-GMM
$\ln RJGDP_{it}$ (−1)				0.8293*** (0.0300)	0.9390*** (0.0217)
HHI	−2.4908** (0.5972)	−1.004* (0.5282)	−1.1713** (0.5404)	−0.5082*** (0.1441)	−0.4144** (0.1719)
Gov_{it}	0.4779** (0.2084)	0.8879** (0.3301)	0.7597** (0.3019)	0.4678** (0.2067)	0.1555*** (0.0468)
$Trade_{it}$	0.5489*** (0.0664)	0.0408 (0.1410)	0.109746 (0.1086)	0.0004 (0.0299)	0.0583*** (0.0147)
FDI_{it}	1.4751 (0.9342)	1.2564 (1.3211)	1.3821 (1.3344)	1.1483 (0.8336)	0.2174 (0.2119)
Soe_{it}	1.0937*** (0.1660)	0.7873** (0.2957)	0.8907*** (0.2992)	0.0793 (0.1188)	−0.0297 (0.0359)
Edu_{it}	0.2862*** (0.0224)	0.4049*** (0.0649)	0.4000*** (0.0647)	0.0454*** (0.0158)	0.0192* (0.0106)
Fin_{it}	0.1477*** (0.0548)	0.1837** (0.0896)	0.1878** (0.0749)	−0.0314 (0.0231)	−0.0874*** (0.0199)
Constant	6.0341** (0.3458)	4.7753** (0.4995)	4.7972*** (0.4855)	0.5327*** (0.1553)	0.6705*** (0.1444)
AR（1）				0.0150	0.0270
AR（2）				0.7350	0.8990
Hansen（p 值）				0.3470	0.3980
R^2	0.7904	0.8831	0.8824		
样本数	420	420	420	360	390

注：*、**和***分别表示 10%、5% 和 1% 的显著性水平。括号内为对应变量的稳健标准误。

4.2　银行业市场结构通过资本积累渠道影响中国经济增长的实证分析

本小节将按照中介效应的检验程序来验证中国银行业市场结构影响经

济增长的资本积累渠道，并对其实证结果做出科学、合理的解释。

4.2.1　模型设定

资本积累是助力经济增长的必要条件之一。第 2 章的理论分析，一方面揭示了银行业市场结构直接影响经济增长，另一方面，银行业市场结构通过资本积累渠道间接影响经济增长。鉴于中小企业在国民经济中的重要作用，加大与中小企业"门当户对"金融服务的供给势必释放更多的经济增长潜力。中小银行市场份额的提升通过加速储蓄形成和储蓄向投资转化两个环节进而间接促进经济增长提升。第 3 章通过银行业市场结构影响中国经济增长现状的分析发现，随着中小银行市场份额的提升，中国资本积累整体得到提升。为了科学评估银行业市场结构对经济增长的直接效应以及通过资本积累产生的间接效应，本书按照温忠麟等（2004）关于中介效应检验的一般程序，通过三个模型进行经验验证。

为验证银行业市场结构影响经济增长的直接效应和通过资本积累渠道对经济增长产生的间接效应，本书设定以下三个计量模型：

$$\ln GDP_{it} = \alpha_0 + \alpha_1 Es_{it} + \sum_{k=2}^{n} \alpha_k X_{it} + \varepsilon_{it} \tag{4.3}$$

$$\ln k_{it} = \beta_0 + \beta_1 Es_{it} + \sum_{k=2}^{n} \beta_k X_{it} + \mu_{it} \tag{4.4}$$

$$\ln GDP_{it} = \gamma_0 + \gamma_1 Es_{it} + \gamma_2 \ln k_{it} \sum_{k=3}^{n} \gamma_k X_{it} + \zeta_{it} \tag{4.5}$$

在式（4.3）、式（4.4）和式（4.5）中，i 和 t 分别表示时间和地区；$\ln GDP_{it}$ 和 $\ln k_{it}$ 是被解释变量，分别表示经济增长与资本积累，Es_{it} 是核心解释变量，表示银行业市场结构，X_{it} 表示一组控制变量，具体包括金融发展水平（Fin_{it}）、对外贸易（$Trade_{it}$）、基础设施（$Infrast_{it}$）、人口规模（Pop_{it}）、非国有化率（Soe_{it}）、政府支出（Gov_{it}）和人力资本（Edu_{it}）。ε_{it}、μ_{it} 和 ζ_{it} 分别表示随机扰动项，其中 α_1 刻画了银行业市场结构影响经济增长的总效应。

4.2.2　变量设定与数据说明

1. 被解释变量：经济增长（$\ln GDP_{it}$）

本书选取实际 GDP 来度量经济增长，为了剔除价格因素的影响，将各省份的名义 GDP 折算为以 1978 年价格为基期的实际 GDP，然后取自然对数。

2. 核心解释变量：银行业市场结构（Es_{it}）

对于银行业市场规模结构的研究，早期学者，如林毅夫和孙希芳（2008）采用四大国有商业银行之外的其他银行贷款占比来进行衡量，但囿于数据的可得性，本书无法使用该指标。因此，借鉴蔡卫星（2019）的研究，本书采用工、农、中、建四大国有银行之外的中小银行分支机构数量在所有商业银行分支机构数量中的占比来衡量，中国银保监会网站上分省份的银行业分支机构许可证数据为本书的研究提供了可能。为了实证结果估计的稳健性，借鉴粟勤和肖晶（2015）的研究，使用大型商业银行、股份制商业银行、城市商业银行、农村合作金融机构以及邮政储蓄银行五类银行分支机构网点数的赫芬达尔指数（HHI）进行稳健性检验。

3. 被解释变量：资本积累（$\ln k_{it}$）

对于资本积累指标的计算，借鉴张军等（2004）的研究，采用永续盘存法进行计算。

$$k_{it} = k_{it-1}(1 - \sigma_{it}) + I_{it} \tag{4.6}$$

在式（4.6）中，k_{it} 表示实际物质资本积累存量；σ_{it} 表示资本折旧率，借鉴张军等（2004）的研究，将其设定为固定值 9.6%；I_{it} 表示各省份的实际固定资本形成总额，将固定资产投资价格指数转化为以 2005 年为基期的价格指数，然后利用各省份固定资产形成总额的流量数据通过价格指数平减得到实际固定资本形成总额。

4. 控制变量

金融发展水平（Fin_{it}），本书采用金融机构本外币贷款占 GDP 的比重来衡量。对外贸易（$Trade_{it}$），本书采用各省份进出口贸易总额占 GDP 的比重来衡量。基础设施（$Infrast_{it}$），采用长途光缆线路长度与每个省份行政区域面积之比来衡量。人口规模（Pop_{it}），采用每个省份常住人口总数的自然对数来衡量。非国有化率（Soe_{it}），本书采用非国有固定资产投资在地区固定资产投资总额中的占比来衡量。政府支出（Gov_{it}），本书采用各省政府公共财政支出占 GDP 的比重来反映政府支出。人力资本（Edu_{it}），本书采用人均受教育年限来衡量，对于文盲、小学、初中、高中（职高）、大专及以上的受教育年限分别赋值为 2 年、6 年、9 年、12 年和 16 年。

本书时间范围为 2005—2017 年，相关数据来源于 Wind 数据库、《中国统计年鉴》、各省份统计年鉴、国家统计局网站和中国银保监会官网等。

表 4.7　变量的描述性统计

变量名	变量含义	均值	标准差	最小值	最大值
$\ln GDP_{it}$	经济增长	7.8405	1.0005	4.8474	9.9333
Es_{it}	银行业市场结构	0.6360	0.0976	0.8025	0.2565
HHI	赫芬达尔指数	0.3210	0.0370	0.2565	0.8026
$\ln k_{it}$	资本积累	9.1805	0.9948	5.8974	11.1493
Fin_{it}	金融发展水平	1.1798	0.4210	0.5372	2.5847
$Trade_{it}$	对外贸易	0.2773	0.3332	0.0169	1.7215
$Infrast_{it}$	基础设施	0.1729	0.1275	0.0176	0.8833
Pop_{it}	人口规模	8.1730	0.7470	6.2971	9.3209
Soe_{it}	非国有化率	0.7010	0.1073	0.4191	0.8990
Gov_{it}	政府支出	0.2168	0.0954	0.0798	0.6274
Edu_{it}	人力资本	8.4670	1.1568	5.7512	13.2997

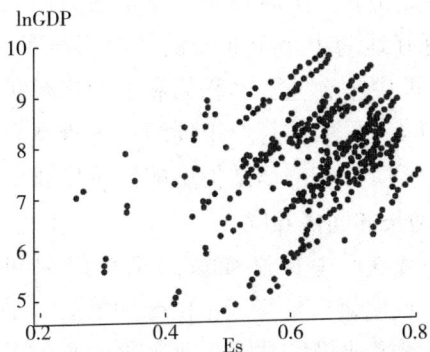

图 4.1　银行业市场结构与经济增长

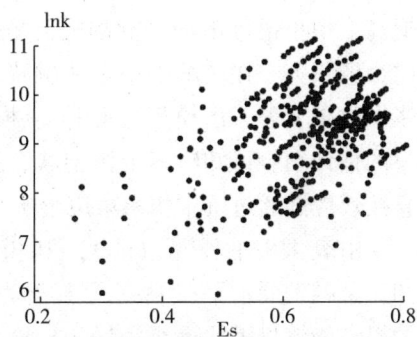

图 4.2　银行业市场结构与资本积累

4.2.3　实证结果分析与讨论

1. 基本回归

首先，对三个模型进行方差膨胀因子 VIF 检验，变量的最大 VIF 值，远小于 10，因此不存在多重共线性。其次，对于面板模型进行 Hausman 检验发现，三个模型均为固定效应模型。

表 4.8 报告了银行业市场结构影响经济增长的直接效应以及通过资本积

累渠道间接影响经济增长的估计结果。第（1）~（3）列分别表示模型（4.3）~模型（4.5）的估计结果。由模型（4.3）和模型（4.5）的实证结果可知，银行业市场结构的系数显著为正，说明中小银行市场份额的提升能够显著促进经济增长水平的提高。诚然，随着中小企业在国民经济中的贡献日益提升，加大与之经济贡献相匹配的金融供给，在一定程度上能有效缓解中小企业融资约束，进而促进经济增长。由模型（4.4）的实证结果可知，银行业市场结构与资本积累在1%的水平显著为正，说明中小银行市场份额的提升是加速资本积累的有效途径。不难理解，随着经济体制改革的稳步推进，过去依靠行政手段和国有企业为主进行资本积累的格局正在逐渐扭转，资本积累呈现出新的特点，企业作为投资主体的地位正在逐步确立，国有企业在资本积累中的地位不断下降，而民营中小企业在资本积累中的地位日益上升。与经济体制改革相配套的是金融改革的阔步前行，随着商业银行现代公司治理机制的普遍实施和完善，中国商业银行服务实体经济的能力显著增强；同时随着以股份制商业银行、城市商业银行和农村商业银行等为代表的中小银行逐步兴起，以及外资银行的进入，四大国有专业银行垄断金融市场的格局已经扭转，金融市场的竞争活力明显提高，中小银行市场份额的提升能够更好地为中小企业提供"门当户对"的金融服务，在缓解中小企业融资、促进中小企业资本积累和生产规模扩张中效果显著。由模型（4.3）~模型（4.5）中银行业市场结构与资本积累的估计结果可知，三个模型联合验证了银行业市场结构影响经济增长的直接效应和通过资本积累渠道影响经济增长的间接效应。

由表4.8中模型（4.3）和模型（4.5）中控制变量的估计结果可知，金融发展水平在1%水平显著为正，说明银行信贷表示的金融发展水平的提高能够显著促进经济增长，鉴于中国当前仍然是银行业主导的金融市场，企业主要的融资渠道依旧以银行信贷为主，银行信贷规模的扩张能够加速企业资本积累，进而促进经济增长水平的提高。人力资本的系数也显著为正，且通过了1%水平的显著性检验，表明人力资本提升是促进经济增长的有效途径，中国经济增长水平的提高以及高质量发展方式的转变离不开人力资本的有力支持。人口规模的系数虽在模型（4.5）中不显著，但在两个模型中都为正，说明人口增长释放的红利仍能促进中国经济增长。政府支出在两个模型中的系数一正一负，说明政府支出的扩大在促进经济增长方面的作用还不能完全确定。

由表4.8模型（4.4）中控制变量的估计结果可知，金融发展水平、人口规模和非国有化率的系数显著为正，说明金融发展水平的提高、人口规模的扩大以及非国有固定资产投资占比的提高均能有效拓宽物质资本积累的渠道，同时也能促进储蓄向投资的转化，进而有效促进物质积累的提升。

表 4.8　基本回归的估计结果

变量名	（1）lnGDP	（2）lnk	（3）lnGDP
Es_{it}	1.2233***	4.9590***	0.2403*
	(0.1441)	(0.2953)	(0.1407)
$\ln k_{it}$			0.3121***
			(0.0239)
Fin_{it}	0.2128***	0.2522***	0.3456***
	(0.0482)	(0.0894)	(0.0410)
$Trade_{it}$		0.1139	
		(0.1820)	
$Infrast_{it}$		0.4616	
		(0.6423)	
Pop_{it}	0.2837*	1.2332***	0.0843
	(0.1602)	(0.4088)	(0.1328)
Soe_{it}		2.0938***	
		(0.3338)	
Gov_{it}	0.6721**		−0.2477
	(0.2650)		(0.2294)
Edu_{it}	0.3948***		0.2472***
	(0.0203)		(0.0202)
Constant	1.0038	−5.9291*	1.6862***
	(1.2514)	(3.2691)	(1.0319)
N	390	390	390
R^2		0.7862	0.9399

注：*、**和***分别表示 10%、5% 和 1% 的显著性水平。括号内为对应变量的标准误。

2. 内生性检验

银行业市场结构与经济增长的回归结果可能因为双向因果关系的存在而产生内生性问题，进而影响估计结果的准确性。本书借鉴张大永和张志伟（2019）的研究，构造面板工具变量进行内生性检验。

为了促进以股份制商业银行和城市商业银行为代表的中小银行更好地

支持地方经济发展和中小企业发展，2009 年 4 月，中国银监会印发《关于中小银行分支机构市场准入政策的调整意见（试行）》，该政策的出台简化了股份制商业银行与城市商业银行分支机构设立的审批程序，两类银行分支机构在相关领域的开设不再受数量指标的束缚，同时降低了两类银行的营运资金，由此来看，这一政策的出台可视为中小银行市场准入放宽的标志。该政策是由监管当局出台，因此是外生的，同时该政策又会对银行业市场结构的调整产生影响，满足了工具变量相关性要求，可以作为银行业市场结构工具变量的理想选择。本书以 2009 年为界构造时间虚拟变量 $POLICY$，2009 年及以后设定为 1，2009 年之前设定为 0。以虚拟变量 $POLICY$ 和 2008 年区域中小银行市场份额的交互项作为本书的工具变量（$POLICY \times Es2008$）。其中 $Es\,2008$ 表示 2008 年每个省份中小银行市场份额。

表 4.9　工具变量估计结果

变量名	（1）	（2）	（3）	（4）	（5）	（6）
	Es 第一阶段	lnGDP	Es 第一阶段	lnk	Es 第一阶段	lnGDP
$POLICY \times$ $Es2008$	0.1449*** (0.0149)		0.1716*** (0.0124)		0.1334*** (0.0171)	
Es_{it}		3.7829*** (0.6925)		7.4027*** (0.6488)		0.5147* (0.4646)
lnk_{it}						0.5920*** (0.0315)
Controls	YES	YES	YES	YES	YES	YES
N	390	390	390	390	390	390
R^2	0.5904	0.8210	0.6041		0.5924	0.9479
F	94.3397***		192.955***		61.1521***	

注：*、**和***分别表示 10%、5%和 1%的显著性水平。括号内为对应变量的标准误。

　　表 4.9 报告了使用面板工具变量之后的估计结果。第（1）、（3）、（5）列表示第一阶段的估计结果。工具变量的系数表示中小银行的市场份额相较于 2008 年数值上升的幅度，在中小银行市场份额越低的省份，其受到 2009 年政策影响的程度也越大。工具变量的系数在 1%水平显著为正，且 F 统计量大于 10，说明拒绝存在弱工具变量的假设，此工具变量有效。第（2）、（4）、（6）列表示第二阶段的估计结果。结果表明，银行业市场结构对经济增长影响的直接效应以及通过资本积累对经济增长的间接影响效应

均与基本回归中的结果基本吻合，系数为正且显著，表明在考虑内生性问题后，估计结果仍然稳健。

3. 稳健性检验

中小银行市场份额作为银行业市场结构的度量指标仅能反映银行业市场的规模结构，而未能考虑银行业市场的组织结构，即银行业市场的竞争情况。因此，本书采用 2005—2018 年大型商业银行、股份制商业银行、城市商业银行、农村合作金融机构（小型农村金融机构）以及邮政储蓄银行五类银行分支机构网点数的赫芬达尔指数（HHI）进行稳健性检验。表 4.10 报告了采用赫芬达尔指数（HHI）度量银行业市场结构的稳健性估计结果。结果表明，银行业的赫芬达尔指数（HHI）越低，即银行业市场的竞争程度越高，越能促进创新和经济增长。由（1）~（3）列的估计结果可知，银行业市场竞争程度既直接影响经济增长，同时通过资本积累渠道间接影响经济增长，该结论与基本回归的结果吻合，说明本书经验结果非常稳健。

表 4.10　替换银行业市场结构指标的估计结果（HHI）

变量名	(1) lnGDP	(2) lnk	(3) lnGDP
HHI	-0.9380*** (0.3379)	-2.1276** (0.9359)	-0.8573*** (0.2535)
$\ln k_{it}$			0.3328*** (0.0199)
Fin_{it}	0.1661*** (0.0555)	0.7008*** (0.1237)	0.3082*** (0.0425)
$Trade_{it}$		0.1607 (0.2427)	
$Infrast_{it}$		2.0990** (0.8449)	
Pop_{it}		2.3196*** (0.5413)	
Soe_{it}		3.8531*** (0.4209)	
Gov_{it}	1.2491*** (0.2812)		-0.1733 (0.2276)

续表

变量名	（1）lnGDP	（2）lnk	（3）lnGDP
$\ln Pop_{it}$	0.4463** (0.1736)		0.0298 (0.1326)
Edu_{it}	0.4563*** (0.0204)		0.2357*** (0.0203)
Constant	0.1636 (1.3964)	−13.0302*** (4.4224)	2.4951** (1.0567)
N	390	390	390
R^2	0.8954	0.6215	0.9413

注：*、**和***分别表示10%、5%和1%的显著性水平。括号内为对应变量的标准误。

4.3 银行业市场结构通过创新渠道影响中国经济增长的实证分析

本小节基于中国省际面板数据，采用调节路径分析方法，从银企规模匹配视角来验证中国银行业市场结构影响经济增长的创新渠道，并对其实证结果做出科学、合理的解释。

4.3.1 模型设定

创新是引领经济发展的第一动力，同时又是金融发展促进经济增长的关键一环。第2章的理论分析，一方面揭示了银行业市场结构直接影响经济增长，另一方面通过创新渠道间接影响经济增长。鉴于中小企业在国民经济中的重要作用，加大与之"门当户对"金融服务的供给势必释放更多经济增长潜力，其中增加中小银行市场份额是有效途径之一。中小银行市场份额的提升通过缓解银企信息不对称、提高中小企业融资可得性以及熨平经济波动的冲击三个渠道支持中小企业创新发展，进而间接促进经济增长水平提升。第3章分析发现，随着中小银行市场份额的提升，中小企业的融资难题在一定程度上得到有效缓解，有效支持了中小企业创新发展，进而带动中国创新指数和世界排名不断提升，专利申请数和专利授权数大幅增加，进一步有效支持了中国经济行稳致远。为了科学评估银行业市场结构对经济增长的直接影响以及通过创新渠道对经济增长产生的间接影响，本书按照温忠麟等（2004）关于中介效应检验的一般程序，通过以下三个模型进行经验验证。

为验证银行业市场结构对经济增长的直接效应和间接效应，本书设定以下三个计量模型：

$$\ln GDP_{it} = \alpha_0 + \alpha_1 Es_{it} + \sum_{k=2}^{n} \alpha_k X_{it} + \varepsilon_{it} \tag{4.7}$$

$$Tci_{it} = \beta_0 + \beta_1 Es_{it} + \sum_{k=2}^{n} \beta_k X_{it} + \mu_{it} \tag{4.8}$$

$$\ln GDP_{it} = \gamma_0 + \gamma_1 ES_{it} + \gamma_2 Tci_{it} + \sum_{k=3}^{n} \gamma_k X_{it} + \zeta_{it} \tag{4.9}$$

在式（4.7）、式（4.8）和式（4.9）中，i 和 t 分别表示时间和地区；$\ln GDP_{it}$ 和 Tci_{it} 是被解释变量，分别表示经济增长与创新；Es_{it} 是核心解释变量，表示银行业市场结构；Es_{it} 表示一组控制变量，具体包括政府支出（Gov_{it}）、对外贸易（$Trade_{it}$）、外商直接投资（FDI_{it}）、金融发展水平（Fin_{it}）、基础设施（$Infrast_{it}$）、人口规模（Pop_{it}）、非国有化率（Soe_{it}）和人力资本（Edu_{it}）。ε_{it}、μ_{it} 和 ζ_{it} 分别表示随机扰动项，其中 α_1 刻画了银行业市场结构影响经济增长的总效应。

4.3.2　变量设定与数据说明

1. 被解释变量：经济增长（$\ln GDP_{it}$）

本书选取实际 GDP 来度量经济增长，为了剔除价格因素的影响，将各省份的名义 GDP 折算为以 1978 年价格为基期的实际 GDP，然后取自然对数。

2. 核心解释变量：银行业市场结构（Es_{it}）

对于银行业市场规模结构的研究，早期学者，如林毅夫和孙希芳（2008）采用四大国有商业银行之外的其他银行贷款占比来进行衡量，但囿于数据的可得性，本书无法使用该指标。因此，借鉴蔡卫星（2019）的研究，本书采用工、农、中、建四大国有银行之外的中小银行分支机构数量在所有商业银行分支机构数量中的占比来衡量，中国银保监会网站上分省份的银行业分支机构许可证数据为本书的研究提供了可能。为了实证结果估计的稳健性，借鉴粟勤和肖晶（2015）的研究，使用大型商业银行、股份制商业银行、城市商业银行、农村合作金融机构以及邮政储蓄银行五类银行分支机构网点数的赫芬达尔指数（HHI）进行稳健性检验。

3. 被解释变量：创新（Tci_{it}）

对于创新指标的选取，借鉴白俊红和卞元超（2016）及张骞和李长英（2019）的研究，采用每个省份外观设计专利、实用新型专利和发明专利三种专利授权数的加权平均数，三种专利授权数依次赋予 0.2、0.3 和 0.5 的权重，然后对该加权平均数取自然对数。

4. 控制变量

政府支出（Gov_{it}），本书采用各省政府公共财政支出占 GDP 的比重来反映政府支出。对外贸易（$Trade_{it}$），本书采用各省份进出口贸易总额占 GDP 的比重来衡量。外商直接投资（FDI_{it}），本书采用各省份外商直接投资总额占 GDP 的比重来衡量。金融发展水平（Fin_{it}），本书采用金融机构本外币贷款占 GDP 的比重来衡量。基础设施（$Infrast_{it}$），本书采用长途光缆线路长度与每个省份行政区域面积之比来衡量。人口规模（Pop_{it}），本书采用每个省份常住人口总数的自然对数来衡量。非国有化率（Soe_{it}），本书采用非国有固定资产投资在地区固定资产投资总额中的占比来衡量。人力资本（Edu_{it}），本书采用人均受教育年限来衡量，对于文盲、小学、初中、高中（职高）、大专及以上的受教育年限分别赋值为 2 年、6 年、9 年、12 年和 16 年。

本小节样本的时间范围为 2005—2018 年，相关数据来源于 Wind 数据库、《中国统计年鉴》、各省份统计年鉴、国家统计局网站和中国银保监会官网等。

表 4.11　变量的描述性统计

变量名	变量含义	均值	标准差	最小值	最大值
$\ln GDP_{it}$	经济增长	7.8845	1.0065	4.8474	9.9982
Es_{it}	银行业市场结构	0.6410	0.0967	0.2565	0.8038
HHI	赫芬达尔指数	0.3186	0.0370	0.2385	0.4803
Tci_{it}	创新	7.9814	1.6272	3.2229	11.7537
Gov_{it}	政府支出	0.2196	0.0972	0.0475	0.6274
$Trade_{it}$	对外贸易	0.2714	0.3251	0.0008	1.7215
FDI_{it}	外商直接投资	0.0229	0.0183	0.0001	0.0961
Fin_{it}	金融发展水平	1.2084	0.4330	0.5372	2.5847
$Infrast_{it}$	基础设施	0.1741	0.1270	0.0176	0.8833

变量名	变量含义	均值	标准差	最小值	最大值
Pop_{it}	人口规模	8.1765	0.7460	6.2971	9.3366
Soe_{it}	非国有化率	0.7060	0.1091	0.4191	0.9042
Edu_{it}	人力资本	8.5272	1.1776	5.7512	13.3143

4.3.3　实证结果分析与讨论

首先，对三个模型进行方差膨胀因子 VIF 检验，变量的最大 VIF 值，远小于 10，因此不存在多重共线性。其次，对于面板模型进行 Hausman 检验发现，三个模型均为固定效应模型。

1. 基准回归

（1）银行业市场结构影响经济增长的总效应

表 4.12 报告了银行业市场结构影响经济增长总效应的估计结果。银行业市场结构的系数显著为正，说明中小银行市场份额的提高可以显著促进中国经济增长。不难理解，我国银行业市场结构与经济结构的演进在一定程度上是权变式的，即两者是相互适应的动态过程。银行业市场结构的调整从功能定位和路径上都应从属经济结构、要素禀赋的调整。一方面是功能从属性，银行业承担金融资源配置的重任，究其本质仍是竞争性的服务业，该属性决定其功能定位的从属性。另一方面是改革路径的从属性，银行业市场结构的发展路径必须紧密围绕经济结构调整和服务实体经济设计。鉴于当前中小企业在国民经济发展中作用显著（税收贡献率超过 50%，同时创造了 60% 的 GDP），因此提高与之经济贡献相匹配的金融供给必将有效缓解中小企业融资约束、释放更多有效产能，以更好地促进中国经济增长。

表 4.12　银行业市场结构影响经济增长总效应的估计结果

变量名	（1）lnGDP	（2）lnGDP
Es_{it}		1.2802 ***
		(0.1495)
Gov_{it}	1.5271 ***	1.0473 ***
	(0.2286)	(0.2171)
$Trade_{it}$	0.1428 **	0.0779
	(0.0634)	(0.0586)

续表

变量名	（1）lnGDP	（2）lnGDP
FDI_{it}	0.7657 （0.7567）	0.8018 （0.6943）
Soe_{it}	0.8407*** （0.1672）	0.6637*** （0.1548）
Edu_{it}	0.4808*** （0.0213）	0.4037*** （0.0215）
Constant	2.8765*** （0.1349）	2.9258*** （0.1239）
N	420	420
R^2	0.8898	0.9075

注：*、**和***分别表示10%、5%和1%的显著性水平。括号内为对应变量的标准误。

控制变量方面，政府支出、非国有化率以及人力资本的系数显著为正，说明政府支出的增加、非国有经济固定资产投资占比的提高和人力资本的提升都是助推中国经济增长的有效途径，进出口贸易与外商直接投资的系数为正但并不显著。

（2）银行业市场结构影响经济增长的直接效应和间接效应

表4.13汇报了银行业市场结构影响经济增长的直接效应以及通过创新渠道影响经济增长的间接效应。

表4.13 银行业市场结构影响经济增长直接效应和间接效应的估计结果

变量名	（1）Tci	（2）Tci	（3）lnGDP
Es_{it}		5.3499*** （0.4393）	0.5514*** （0.1067）
Tci_{it}			0.2945*** （0.0138）
Gov_{it}	6.7284*** （0.8322）	3.1848*** （0.7649）	0.3739** （0.1502）
$Trade_{it}$	0.0884 （0.2419）	0.2045 （0.2059）	0.0998** （0.0397）
FDI_{it}	−2.1198 （2.6407）	0.1056 （2.2524）	−0.0975（0.4717）

续表

变量名	(1) Tci	(2) Tci	(3) lnGDP
Fin_{it}	1.2325 ***	1.0622 ***	
	(0.1615)	(0.1380)	
$Infrast_{it}$	3.3301 ***	1.2626	
	(0.9755)	(0.8465)	
Pop_{it}	3.3234 ***	1.7813 ***	
	(0.6740)	(0.5869)	
Soe_{it}			0.4705 ***
			(0.1052)
Edu_{it}			0.1305 ***
			(0.0194)
Constant	-22.7147 ***	-12.2731 ***	3.6833
	(5.4346)	(4.6991)	(0.0911)
N	420	420	420
R^2	0.7021	0.7853	0.9578

注：*、**和***分别表示 10%、5%和 1%的显著性水平。括号内为对应变量的标准误。

首先，银行业市场结构影响经济增长的直接效应。联合模型（4.7）和模型（4.9）银行业市场结构的估计结果发现，中小银行市场份额的系数显著为正。改革开放初期，国有企业是当时经济增长、税收缴纳以及吸纳就业的主力军，因此为了更好地满足国有企业的融资需求，四家专业银行相继成立。随着中国社会主义市场经济改革的不断深入，集体经济、私营经济和外资经济等相继发展起来，非公有制经济的迅速崛起以及分税制改革后地方政府支持当地经济发展的需要，迫切需要与之需求相匹配的金融支持，以股份制商业银行、城市信用社和农村信用为代表的中小银行相继成立并迅速发展，在一定程度上有效支持了非公有制经济的发展和地方经济的繁荣。随着市场化改革的进一步提升，国有经济在国民经济中的贡献大幅下降，而非国有经济在国民经济中的贡献不断攀升，尤其是经济发展中最活跃的中小企业，其企业数量全国占比高达 99%，在税收、GDP 和技术创新等方面作用突出，但是长期以来制约中小企业发展的融资约束问题尚未得到根本解决。为了进一步满足中小企业融资需求、支持中小企业发展，监管机构不断放宽市场准入，股份制商业银行在满足监管条件的前提下，可以异地设立分支机构，经营范围进一步扩大，加速了资本的跨区域流动，更好地满足了中小企业的金融需求。城市信用社和农村信用社也加速变革，城市信用社逐渐向城市商业银行转变，同时允许和支持民间资本参与城市商业银行的重组和增资扩股，农村信用社也逐步向农村商业银行变革。同时随着城市商业银行和农村商业银行准入门槛的进一步降低，越来越多的城市商业银行和农村商业银行的分支机构相继成立，拓宽了中小企业的融资渠道，进一步支持了中小企业发展。综合考虑信息搜集、产权、资金成本和银行对企业信任四方面的差异，与国有大型商业银行相比，中小银行在服务中小企业方面具有比较优势，因此，中小银行数量的增加和市场份额的提升能够有效促进中国经济增长，该结论与林毅夫和孙希芳（2008）的研究结论一致，验证了银行业市场结构影响经济增长直接效应的存在。

其次，银行业市场结构通过创新渠道影响经济增长的间接效应。联合模型（4.7）~模型（4.9）中银行业市场结构与创新系数的估计结果发现，创新的中介效应显著，即中小银行市场份额的上升能够有效支持企业创新，进而促进经济增长。中小企业数量庞大，是当前中国技术创新的主体，75%以上的技术创新和80%以上的新产品均来自中小企业，因此加大与之技术创新能力相匹配的金融供给，必将有效地提升其创新能力，进而助推经济增长。中国的中小企业正逐步实现产业转型，改革开放初期由于受益于人口红利的原因，聚焦于劳动力密集型产业。但随着中国进入老龄化社会，传统的人口红利正在逐渐褪去，因此，很多中小企业积极谋求转型，不断提升自主创新能力，逐步由劳动力密集型产业向资本密集型、技术密集型产业转型。相较于其他投资，创新投资的周期更长，即未来不确定性更大，因此需要大量长期资金的投入。与创新经济相匹配的是金融市场主导的金融结构，但当前中国的资本市场发展相对滞后，上市门槛和发债门槛很高，这样就将支持中小企业科技创新的责任自然而然地落在了商业银行身上。国有大型商业银行虽然历经多轮改革，其股权多元化程度和公司治理能力明显提高，但是仍无法改变自诞生之日起所具有的"胎记"，即国有股权的主导性，因此国有大型商业银行的金融支持更多地服务国有企业的科技创新，对于"非亲生"中小企业的科技创新支持有限。随着中小银行市场份额的不断提升，中小银行产权结构多元化的特点决定了其经营方式的灵活性更高，同时利用已积累的中小企业"软信息"，作为理性经济人，资金成本相对更高的中小银行倾向于为中小企业科技创新提供更多的金融支持。加上金融科技的不断普及，中小企业科技创新的融资渠道进一步拓宽，中小企业科技创新能力得到整体提升，当前 75% 以上的科技创新和 80% 以上的新产品均来自中小企业。不难看出，金融业已成为提高科技创新的"牛鼻子"，市场决定资源配置、政府引导资源配置以及"大众创业、万众创新"战略的实施，无不需要包括银行业在内的各种金融行业唱主角。科技金融需要金融部门与科技部门的通力合作，在国家政策层面，科技部和"一行两会"密切合作，在操作层面，大银行与中小银行协同发力共同促进科技创新能力和创新产出的提高（张明喜等，2019）。

模型（4.8）中控制变量的估计结果显示政府支出、金融发展水平和人口规模的系数显著为正，说明政府支出的增加、金融发展水平的提高与人口规模的增加促进了中国创新。创新和知识是典型的公共品，那么市场中难免存在大量的"搭便车"行为，因此，单纯依靠市场调节来鼓励创新还远远不够。近年来，中国各级政府加大了对科技创新的财政支持力度，能够有效弥补市场调节的不足，进而助力科技创新水平的提高。中国的资本市场发展依旧滞后，银行贷款目前仍是企业最重要的外部融资来源，因此，随着金融机构本外币贷款水平的提高，企业创新的融资约束能够极大缓解，直接促进了科技创新水平的提高。创新的关键在于人才，随着中国进入老龄化社会，过去的人口红利正逐渐褪去，但随着中国高等教育普及率的不断提升和熟练劳动力占比的提升，中国人口增长能够带动边际创新能力的大幅提升。

模型（4.9）中控制变量的估计结果表明，政府支出、进出口贸易、非国有化率以及人力资本的系数为正，且通过了显著性检验，说明政府支出的增加、进出口贸易的增加、非国有固定资产投资水平的提高和人力资本的提升均是助推中国经济增长的有效途径。不难理解，中国改革开放 40 多年经济的高速增长，既得益于市场化改革所释放的经济活力，同时也是中国"有为政府"培育良好的市场环境、加大创新支持的产物，因此，政府支出的增加有利于经济增长的提高。改革开放初期，中国充分发挥劳动力密集型产业的比较优势，出口贸易迅猛扩张，成为拉动中国经济增长的"三驾马车"之一；同时随着中国进口的不断扩大，国外先进的技术、管理经验和优秀人力资本都陆续传入中国，一方面，提升了中国科技创新能力、企业组织能力；另一方面，干中学效应的潜能进一步释放，因此，进出口贸易的增长有效助推中国经济的快速发展。中国经济改革特色鲜明，没有走东欧社会主义国家激进式改革之路，而是在渐进式改革中探索一条适合中国国情的发展之路，即在保持国有经济主导地位的同时，大力发展非国有经济。

非国有企业的市场化程度更高，效率也明显优于国有企业。随着非国有固定资产投资水平的提高，能够释放更多的经济增长潜能，促进中国经济增长。改革开放以来，中国经济的快速增长也离不开人口红利的释放，改革开放初期承接了发达经济体的产业转移，重点发展劳动力密集型产业，充分发挥了中国劳动力低廉的比较优势，实现了经济的高速发展。但是随着中国进入老龄化社会，廉价劳动力的人口红利已难以为继。随着高等教育和职业教育普及率的提高，以及劳动力熟练程度的提升，中国人口红利逐渐向人才红利转变，劳动力素质和劳动技能大幅提升。随着人口规模的不断增加，一方面，能够延续中国的人口红利；另一方面，也能给予人力资本的极大补充，进而促进经济增长。

2. 内生性检验

银行业市场结构与经济增长的回归结果可能因为双向因果关系的存在而产生内生性问题，进而影响估计结果的准确性。具体来说，一方面，银行业市场结构是影响经济增长和技术创新的重要因素；另一方面，经济增长水平的提高与技术创新能力的提升会产生更多的个性化、差异化金融需求，自然也会要求银行业市场结构的调整来与之金融需求相匹配，因此，银行业市场结构与经济增长、创新可能存在双向因果关系。工具变量法是缓解内生性问题的有效途径。

首先，本书将核心解释变量滞后一期重新进行回归，这种方法在一定程度上可以缓解内生性问题，估计结果系数为正且依旧显著，说明本书的估计结果稳健。限于文章篇幅，不汇报此结果。

其次，借鉴张大永和张志伟（2019）的研究，构造面板工具变量进行内生性检验。为了促进以股份制商业银行和城市商业银行为代表的中小银行更好地支持地方经济发展和中小企业发展，2009年4月，中国银监会发布《关于中小银行分支机构市场准入政策的调整意见（试行）》，该政策的出台简化了股份制商业银行与城市商业银行分支机构设立的审批程序，两类银行分支机构在相关领域的开设不再受数量指标的束缚，同时降低了两类银行的营运资金，由此来看，这一政策的出台可视为中小银行市场准入放宽的标志。该政策是由监管当局出台，因此是外生的，同时该政策又会对银行业市场结构的调整产生影响，满足了工具变量相关性要求，可以作为银行业市场结构工具变量的理想选择。本书以2009年为界构造时间虚拟变量 *POLICY*，2009年及以后设定为1，2009年之前设定为0。以虚拟变量 *POLICY* 和2008年区域中小银行市场份额的交互项作为本书的工具变量（*POLICY*×

Es2008）。其中 Es 2008 表示 2008 年每个省份中小银行市场份额。

表 4.14 报告了使用工具变量的估计结果。第（1）、（3）、（5）列表示第一阶段的估计结果。工具变量的系数表示中小银行的市场份额相较于 2008 年数值上升的幅度，在中小银行市场份额越低的省份，其受到 2009 年政策影响的程度也越大。工具变量的系数在 1% 水平显著为正，且 F 统计量大于 10，说明拒绝存在弱工具变量的假设，此工具变量有效。第（2）、（4）、（6）列表示第二阶段的估计结果。结果表明，银行业市场结构对经济增长影响的直接效应以及通过创新渠道影响经济增长的间接效应均与基本回归中的结果基本吻合，系数为正且显著，表明在考虑银行业市场结构与经济增长的内生性问题后，估计结果仍然稳健。

表 4.14　工具变量估计结果

变量名	（1）	（2）	（3）	（4）	（5）	（6）
	Es 第一阶段	lnGDP	Es 第一阶段	Tci	Es 第一阶段	lnGDP
$POLICY\times$ Es2008	0.1989*** (0.0142)		0.1497*** (0.0122)		0.1201*** (0.0157)	
Es_{it}		8.0543*** (0.5964)		13.7486*** (1.2364)		2.9935*** (0.7116)
Tci_{it}						0.3838*** (0.0349)
Controls	YES	YES	YES	YES	YES	YES
N	420	420	420	420	420	420
R^2	0.5390	0.6995	0.6396	0.7029	0.6149	0.8925
F	195.0090***		149.6740***		58.5237***	

注：*、** 和 *** 分别表示 10%、5% 和 1% 的显著性水平。括号内为对应变量的标准误。

3. 稳健性检验

中小银行市场份额作为银行业市场结构的度量指标仅能反映银行业市场的规模结构，而未能考虑银行业市场的组织结构，即银行业市场的竞争情况。因此，本书借鉴粟勤和肖晶（2015）的研究，采用 2005—2018 年大型商业银行、股份制商业银行、城市商业银行、农村合作金融机构（小型农村金融机构）以及邮政储蓄银行五类银行分支机构网点数的赫芬达尔指数（HHI）进行稳健性检验，该数据来源于 Wind 数据库。

表 4.15 报告了采用赫芬达尔指数（HHI）度量银行业市场结构的稳健

性估计结果。结果表明，银行业的赫芬达尔指数（HHI）越低，即银行业市场的竞争程度越高，越能促进创新和经济增长。由（1）～（3）列的估计结果可知，银行业市场竞争程度影响经济增长的直接效应存在，同时通过创新渠道间接影响经济增长，与基本回归结果吻合，说明本书经验结论的稳健性。

表 4.15　替换银行业市场结构指标的估计结果（HHI）

变量名	（1）lnGDP	（2）Tci	（3）lnGDP
HHI	−1.7225*** (0.3131)	−7.1719*** (1.1179)	−0.3627* (0.2167)
Tci_{it}			0.3106*** (0.0140)
Gov_{it}	1.4049*** (0.2215)	6.5593*** (0.7923)	0.5030*** (0.1525)
$Trade_{it}$	0.0875 (0.0619)	0.2124 (0.2311)	0.1153*** (0.0411)
FDI_{it}	0.7383 (0.7295)	−2.3715 (2.5129)	−0.1668 (0.4858)
Fin_{it}		0.8405*** (0.1654)	
$Infrast_{it}$		2.8096*** (0.9317)	
Pop_{it}		2.5391*** (0.6529)	
Soe_{it}	0.8600*** (0.1613)		0.5347 (0.1080)
Edu_{it}	0.4383*** (0.0219)		0.1374*** (0.0199)
Constant	3.7868*** (0.2105)	−13.4436** (5.3691)	3.8968*** (0.1398)
N	420	420	420
R^2	0.8979	0.7310	0.9551

注：*、**和***分别表示10%、5%和1%的显著性水平。括号内为对应变量的标准误。

4.4 本章小结

在深入剖析银行业市场结构影响经济增长的理论机制及其发展现状的基础上，本章基于银企"门当户对"的分析视角，综合使用系统 GMM 估计、固定效应和调节路径法等多种方法验证了银行业市场结构影响经济增长的直接效应，以及通过资本积累和创新渠道影响经济增长的间接效应。研究发现，银企规模"门当户对"既具优势，同时也是银企关系的必然选择，中小银行市场份额占比的提高能够明显促进中国经济增长；银行业市场结构调整促进经济增长的影响效应因经济发展阶段、禀赋和时间的不同而存在差异性。经济发展水平较高地区、东部地区以及金融危机后的银行业市场结构调整能产生更大的经济增长效应；银行业市场结构可以通过资本积累和创新渠道间接影响经济增长，即中小银行市场份额的提升能有效促进资本积累和创新能力的提升，进而有效促进经济增长，在考虑内生性问题和经过稳健性检验后，实证结果仍然稳健。

第5章 银行业市场结构影响经济 增长的国际借鉴

受历史演变、文化传承和国家政策等诸多因素的影响，各国形成了各具特色的金融发展模式。回顾发达国家银行业市场结构和经济增长关系的发展历程，可为中国的银行业市场结构改革和更好地支持实体经济增长提供有益借鉴。金融体系滞后无法有效满足实体经济金融需求，而金融的超发展极易造成"脱实向虚"，甚至诱发系统性金融风险，进而抑制经济增长（黄宪和黄彤彤，2017）。

虽然各国金融体系千差万别，但金融体系改革的最终归宿仍是金融功能的有效实现，即金融结构维度的资金融通和资源配置维度的资金跨期配置。第一类视角下，资本市场导向型和商业银行导向型的鼻祖分别是英国和法国。世界其他国家经济崛起过程中对这两种模式都有所借鉴，其中，美国沿袭了英国金融体系，成为当今世界金融中心，德国则学习和借鉴了法国的金融体系。日本对英国、德国两种金融体系都有借鉴和学习，因此兼具市场导向和银行导向的特点。第二类视角下，政府和市场都是金融资源配置的手段和机制。政府配置资源一般出现在银行业市场集中度高的国家。由此导致不同金融体系银行业市场结构的差异：金融市场主导型国家的银行业市场竞争程度较高，而银行主导型国家的银行业市场垄断程度相对较高。

5.1 全球银行业市场结构影响经济增长的概览

银行业市场结构有规模结构和竞争结构之分，全球银行业市场结构演化也因此呈现差异。相较于新兴经济体，发达国家银行规模结构更加完善，大银行和中小银行种类齐全，银行业金融机构的差异化程度越高，再叠加差异化的金融产品，为发达国家经济增长助力颇多。而新兴经济体银行规模结构发展相对滞后、竞争程度较低，银行规模结构差异化程度较低，同时金融产品单一、利率市场化程度较低，因此较难满足实体经济差异化的金融需求。银行业市场集中度是影响金融稳定的重要因素之一（陈卫东和熊启跃，2021），合理的银行业市场结构对全球经济的稳定发展贡献颇多。

全球经济增长离不开现代金融的助力，其中银行业的发展尤为重要。图 5.1 绘制了 2003—2017 年全球商业银行资产规模的总量及增长率变动情况。由图 5.1 可知，全球商业银行总资产由 2003 年的 5.12 万亿美元增加到 2017 年的 30.15 万亿美元，15 年翻了 6 倍，全球商业银行资产规模的迅速扩张对应的是实体经济获得了充足的金融支持。

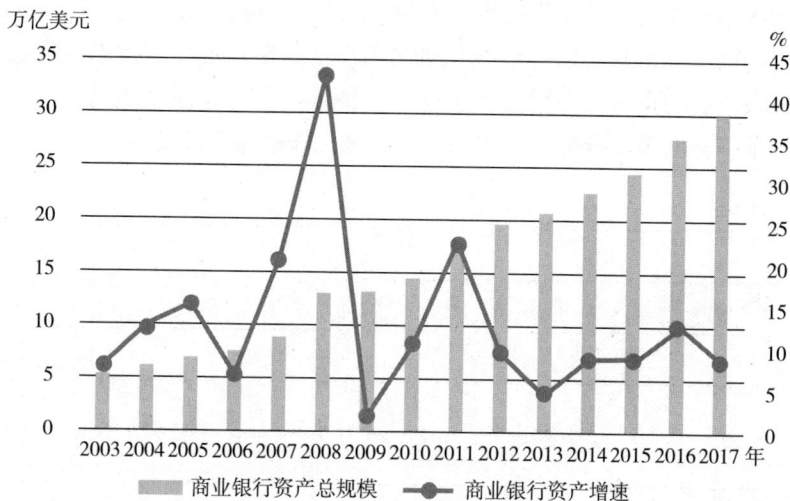

图 5.1 全球商业银行资产规模（2003—2017 年）
（资料来源：平安证券，Wind 数据库）

全球商业银行资产规模增速呈现出明显的周期性。2008 年国际金融危机之前，增速呈波动上升的趋势，在 2008 年达到峰值 42.69%。2008 年爆发了席卷全球的金融危机，很多银行破产倒闭或被兼并重组，全球金融体系受到重创。受此影响，2009 年全球商业银行总资产的增速骤降为 1.44%，之后美、日、欧等世界主要经济体通过各种扩张性的财政政策和金融政策试图力挽狂澜，在扩张性政策的刺激之下，全球商业银行总资产增速又迎来第二个小高峰，2011 年增速达到 22.49%。2012 年之后，随着各种刺激政策的逐渐退出，全球商业银行总资产增速波幅变小，而且此后的商业银行资产增速明显低于金融危机之前的资产增速。银行业总资产增速的放缓一定程度上也反映了全球经济在受到 2008 年国际金融危机重创后经济增长乏力的现象。

就商业银行资产质量而言，如图 5.2 所示，2000—2017 年，全球商业银行资产质量总体呈上升的趋势。以资本资产比率表示的银行资产质量主要侧重反映银行资本抵御风险的能力，该指标呈波动上升的趋势，说明全球商业银行自身资本抵御风险的能力提升。以不良贷款率表示的银行业资产质量呈波动下降的趋势，而且呈现出明显的阶段性特征。2000—2007年，全球商业银行的不良贷款率呈大幅下降的趋势，但2008年国际金融危机的爆发又使该指标升高，2009年达到国际金融危机后的顶峰，之后基本维持在4%左右。全球商业银行资产质量的提升，一方面是商业银行全球监管趋严的结果，即《巴塞尔协议》系列颁布和实施后，更加强调资本在抵御风险中的核心作用，不断提升资本充足率；另一方面也能从侧面反映全球经济增长的情况，2008年国际金融危机之前，全球银行不良贷款率的大幅下降说明该段时间的全球经济增长势头良好，2008年国际金融危机后，不良贷款率虽有下降，但基本维持在4%左右，反映出全球经济增长乏力。

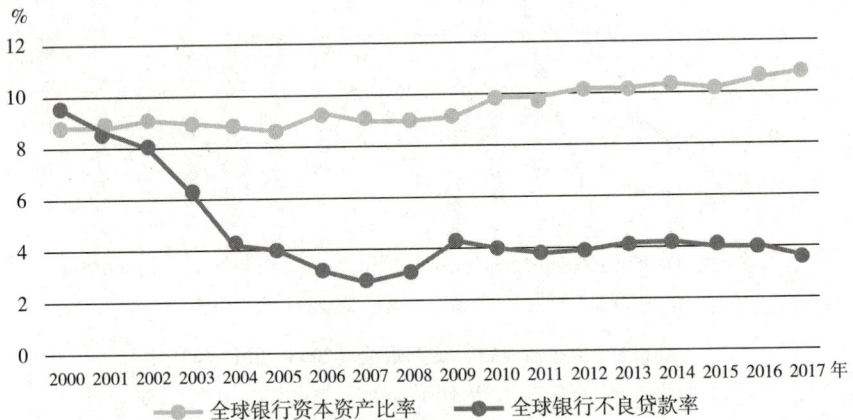

图5.2 全球商业银行资产质量

（资料来源：平安证券，Wind数据库）

分样本来看，如图5.3所示，高等收入国家银行资产质量和低等收入国家银行资产质量存在差异。以资本资产比率表示的银行资产质量，中等收入国家明显高于高等收入国家，但二者的差距自2008年国际金融危机后逐步缩小。中等收入国家资本资产比率较高，一方面反映出中等收入国家银行资本抵御能力较强，另一方面也可能反映出金融制度的滞后性。与之相对应的是，高等收入国家银行拥有健全的金融制度，但银行资本抵御风险的能力较弱，美国、英国等发达国家的很多银行在金融危机后破产倒闭，以史为鉴，国际金融危机后，高等收入国家加强金融监管，提高银行的资本实力以便更好地抵御风险，因此，高等收入国家的资本资产比率在国际金融危机后呈不断上升的趋势，与中等收入国家资本资产比率之间的差距随之缩小。两类国家银行的不良贷款率总体呈下降的趋势。2008 年国际金融危机发生前，中等收入国家银行的不良贷款率明显高于高等收入国家；2008 年国际金融危机发生后，高等收入国家与中等收入国家银行不良贷款率之间的差距逐渐缩小，有些年份甚至超过中等收入国家银行不良贷款率。

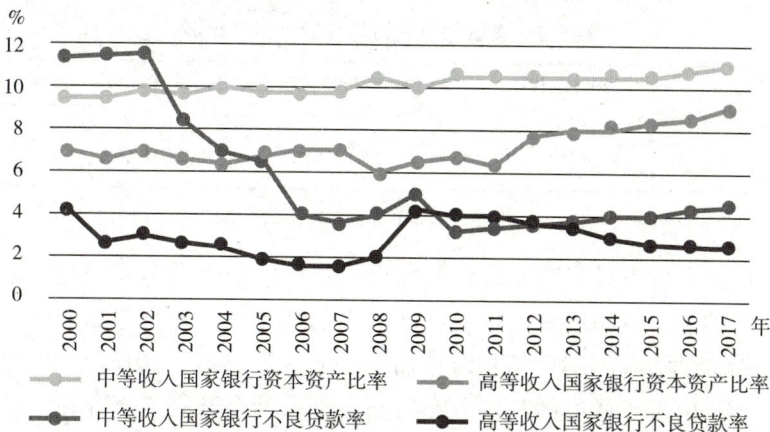

图 5.3　高等收入与中等收入国家银行资本资产比率与不良贷款率

（资料来源：平安证券，Wind 数据库）

5.2　美国银行业市场结构影响经济增长的现状

5.2.1　美国银行业市场结构影响经济增长的事实描述

美国长期崇尚市场经济的自由竞争，新兴企业的持续进入和落后、经营不善企业的不断退出使美国经济活力十足。但是进入 21 世纪之后，美国经济增速明显放缓，尤其在 2008 年国际金融危机之后，生产率缓慢增长现象更进一步加剧，其典型的表现之一是中小企业成长潜力和企业创立速度明显下降。

表 5.1 展示了美国新设公司与存量公司比例。一般来说，美国新设公司与存量公司比例越高，说明新旧公司之间的轮换效应越快，经济的活跃程度越高。1983—1989 年该数据尚可达到 13.9%，2010—2014 年的数据只有 9.7%，说明美国新旧公司之间优胜劣汰的速度明显减弱，经济活力尚需进

一步提高。随着美国经济活力的下降，美国大企业的产业集中度明显增强，前 100 家大企业的产出份额由 1994 年的 33% 跃升至 2013 年的 46%，产业集中度提升了在位大企业的垄断力量，而对于新成立的中小企业来说，进入市场的难度明显提升，不利于良性竞争生态环境的形成。经济结构决定金融结构的变动，美国银行业市场结构呈不断集中的趋势，前 5 大银行资产份额由 2000 年 25% 上涨到 2013 年的 45%。

表 5.1　美国新设公司与存量公司的比例

年份	1983—1989	1991—1999	2002—2007	2010—2014
新设公司与存量公司的比例	13.9%	12.1%	12.2%	9.7%

资料来源：曹永福（2017）《美国经济活力下降：事实、原因及后果》中的内容。

美国是金融市场主导型的典型代表，其特点是强调自由竞争，资本市场占主导地位，但间接融资市场在融资中的作用同样不可忽视。美国银行业市场结构是随着利率市场化改革而变迁的（巴曙松，2012）。20 世纪 70 年代之前，由于"Q 条例"的颁布实施，存款利率管制一直存在。自 1970 年起，美国逐步放开大额存单、大额长期定期存款利率上限等，美国的利率市场化大幕由此拉开，其间《1980 年银行业法》和《1982 年存款机构法》相继颁布实施，金融创新产品层出不穷。1986 年存贷款利率的全面放开，标志着美国利率市场化的基本完成。

随着美国利率市场化的逐步实施，美国银行业的数量发生了巨大改变。利率管制放松后，商业银行之间的竞争明显增强，优胜劣汰机制作用的发挥使很多经营不善的银行难逃破产或被兼并重组的命运，而经营稳健的银行优势逐渐凸显，市场份额不断提升，这些对于美国银行的数量和市场结构影响深远。如表 5.2 所示，随着 1970 年美国利率市场化拉开大幕，一直到 2018 年，美国银行数量呈大幅缩减的趋势，同时市场准入监管逐步放松，银行分支机构数量呈井喷式增长，从 1970 年的 21 839 家增加到 2018 年的 78 014 家，这与 1994 年 *Riegle-Neal* 法案的颁布和实施密不可分，该法案允许银行跨州开设分支机构，很多银行机构借此机会在全美迅速扩张。1970—2007 年，其间年均新批准银行数量达 180 余家[①]，自 2008 年国际金融危机发生到 2018 年年底，新批准成立的银行总共 133 家，这 11 年间所有

---

① 该指标由美国联邦存款保险公司（FDIC）的相关数据计算得出。

新批准的银行机构总数都达不到前一阶段批准银行机构的年平均值，说明美国监管当局对新设银行更加谨慎。

表 5.2　美国银行业数量及分支机构数

年份	1970	1990	2008	2010	2018
银行数量（家）	13 511	12 351	7 087	6 533	4 718
银行分支机构数量（家）	21 839	50 897	83 040	82 619	78 014
新批准的银行数量（家）	178	138	90	5	7

资料来源：美国联邦存款保险公司（FDIC）。

美国的利率市场化进程对其银行业内部结构也产生了巨大影响，如表 5.3 所示，不同资产规模银行的数量和总资产市场份额变化显著[①]。超大银行的数量在利率市场化完成后，由 0 上升至 2019 年的 10 家，其总资产市场份额由 0 跃升至 51.83%；大银行的数量与其资产份额同样得以较快增长，银行数量由 47 家增加至 130 家，总资产市场份额由 29.84% 提升至 32.56%；中等银行、中小银行和小银行的数量和资产市场份额骤降，反映出利率市场化之后中小银行的生存环境不容乐观，其经营不善很容易破产倒闭或被兼并重组。由此不难看出，美国银行业的市场化程度很高，自由竞争的市场环境提升了规模较大银行的竞争力，一些经营不稳健的中小银行退出市场，符合监管要求的新银行不断开设为银行业市场注入新鲜的活力，这样的市场环境一方面可以促使美国银行业市场及时出清，提升银行业市场竞争活力和竞争效率；另一方面也会加剧银行业市场的波动。银行业市场风险的发生可能产生"多米诺骨牌效应"，银行业市场风险可能传染至其他金融市场，进而诱发金融危机和经济危机。

表 5.3　美国银行业内部结构变化

年份	1986	1990	2000	2010	2019
超大银行数量（家）	0	0	3	6	10

---

① 美国联邦存款保险公司（FDIC）按银行资产规模分为资产规模大于 2 500 亿美元、资产大于 100 亿美元小于等于 2 500 亿美元、资产大于 10 亿美元小于等于 100 亿美元、资产大于 1 亿美元小于等于 10 亿美元和资产小于 1 亿美元五组，本书依次将其定义为超大银行、大银行、中等银行、中小银行和小银行五组。

续表

年份	1986	1990	2000	2010	2019
总资产市场份额（%）	0	0	18	44.52	51.83
大银行数量（家）	47	60	102	101	130
总资产市场份额（%）	29.84	33.65	48.77	33.93	32.56
中等银行数量（家）	559	555	437	559	656
总资产市场份额（%）	34.84	35.28	16.07	10.73	9.41
中小银行数量（家）	4 049	3 967	3 898	4 367	3 226
总资产市场份额（%）	23.99	21.95	13.65	9.7	5.84
小银行数量（家）	13 221	10 576	5 464	2 625	1 155
总资产市场份额（%）	11.33	9.12	3.51	1.12	0.37

资料来源：美国联邦存款保险公司（FDIC）。

表 5.4 展示了 2000—2011 年美国银行业市场结构变化情况。由表 5.4 可知，美国银行业市场集中度呈递增的趋势；相应的是中小银行市场份额呈下降的趋势；HHI 指数显示美国银行业市场竞争程度趋缓，可能与 2008 年国际金融危机后，部分银行经营状况恶化导致银行业之间兼并加剧有直接关系。结合表 5.3 的相关数据，我们不难发现，美国银行业市场集中度呈加速提升的趋势，总资产由前 10 家超大银行占据半壁江山，而中小银行的市场份额锐减，银行业市场的垄断程度不断加强。

表 5.4　美国银行业市场结构变化

年份	2000	2003	2006	2008	2011
CR4（5）	0.426	0.449	0.511	0.582	0.68
中小银行资产的市场份额	0.574	0.551	0.489	0.418	0.32
HHI	520.80	505.88	685.84	1274.85	1601.25

资料来源：中小银行市场份额与 HHI 都是根据银行总资产测算，2000—2003 年中小银行市场份额 = 1-CR5，数据来源于黄隽等（2010）《美国银行业市场结构分析》，2008 年和 2011 年中小银行市场份额 = 1-CR4，作者根据相关数据测算得出。

美国中小银行数量和资产份额的下降是否意味着对中小企业贷款数量的降低，答案值得商榷。一方面，中小银行数量减少可能抑制其对中小企业信贷的投放。1995—2007 年，美国商业银行为中小企业提供的贷款占全部贷款的比重基本保持在 30% 以上，到 2008—2019 年该比重基本维持在

20%~30%。中小企业获得的贷款份额占比的下降与 2010 年美国通过的《多德—弗兰克法案》（*Dodd-Frank Act*）密切相关，该法案是"大萧条"后颁布的最严苛的金融法案。该法案颁布实施后，极大地提高了中小银行的监管成本，由此导致银行对中小企业贷款的下降。2010 年美国小型信用合作社共计 7 739 家，而截至 2015 年年底，仅存 6 021 家。同时，根据 2016 年亚特兰大联邦调查局的调查数据显示，由于 *Dodd-Frank Act* 的实施，社区银行的监管成本明显提升，抑制了其信贷投放能力，针对小企业贷款的降幅高达 11%，仅有 37% 的小企业和 42% 的初创企业的融资需求得到满足①。另一方面，由于美国拥有发达的资本市场，有效拓宽了中小企业的融资渠道。美国资本市场发达，形成了多层次的资本市场，且股票发行实行注册制，有效降低了中小企业在资本市场的准入门槛，因此，美国中小企业的融资渠道更加多样化，并不局限于商业银行，中小企业的贷款份额虽然有所降低，但其融资约束由于资本市场的快速发展而得到有效缓解。

此外，鉴于少数人存款机构（Minority Depository Institutions，MDIs）在提高融资可得性中的重要作用，2008 年，美联储的伙伴关系促进计划（Partnership for Progress，PFP）开始实施，该计划旨在保护和促进少数存款机构的发展。因为美联储熟知为金融服务不足地区提供信贷和其他金融服务的结构性差异和难点所在，所以美联储的 PFP 计划支持包容性金融系统的发展，并一直致力于识别和抓住所有可能的机会来支持少数存款机构（MDIs）的发展。

2008 年国际金融危机后，美国金融监管趋严有利于金融体系的稳定，但是越来越多的问题也逐渐暴露出来，金融监管松绑的呼声越来越强烈。在此背景下，2018 年 5 月《促进经济增长、放松监管要求、保护消费者权益法案》（*Economic Growth, Regulatory Relief, and Consumer Protection Act*）正式签署，标志着美国银行业监管的松绑。该法案颁布实施后，中小银行面临的监管成本明显降低，社区银行杠杆率公式计算更加简单，分母不再计算风险加权资产，通过总资产计算即可，其杠杆率保持在 8%~10%，即可视为同时满足杠杆率与资本充足率的监管要求。中小银行监管成本的降低势必能够提高其服务中小企业的能力，在经济下行阶段作用可能更加凸显，从而更好地支持美国实体经济发展。

---

① 2018 年 10 月 31 日，尹振涛《美国重启金融监管放松之策》的内容，网址：http://www.nifd.cn/ResearchComment/Details/937.

5.2.2 美国银行业市场结构影响经济增长的作用渠道

银行业市场结构变革的目的在于金融供给能力的提升，以便更好地支持经济增长需要。美国银行业市场集中度虽然总体呈上升的趋势，但区域之间差异显著。东北地区大企业居多，因此与之相对应的是金融垄断程度较高；而中西部和南部地区以中小企业为主，这两个地区的金融垄断程度也相对分散，中小银行数量多、差异化程度高，较好地满足了当地中小企业差异化需求。银行业市场结构的区域差异一方面直接促进当地经济增长，另一方面也通过资本积累和创新渠道间接支持了美国经济增长。

美国金融区域差异较好地满足了当地企业金融需求，有效支持了当地经济增长。就直接渠道而言，东北地区大企业与大银行基本实现了银企的"门当户对"，垄断的大银行经营能力和经营实力较强，能够满足大企业综合性的金融需求；而中西部和南部地区中小企业多，差异化金融需求程度也相对较高，当地分散的中小银行恰好满足了这一金融需求，而且美国银行主要是单一制，限制了当地中小银行的跨区经营，防止美国中西部地区金融资源外流，当地中小银行只能聚焦本地经济和中小企业发展。

就银行业市场结构影响经济增长的资本渠道而言，美国银行单一制的实行有利于各地银行将分散的社会闲散资金聚集起来，进而实现当地储蓄向投资的转化，有效促进了当地经济增长。对于银行业市场结构影响经济增长的创新渠道而言，大银行为大企业的创新助力颇多，而中小银行为中小企业的创新提供大力支持，美国创新实力得到显著提升，由表 5.5 可知，美国的全球创新排名从 2011 年的世界第 7 位跃居至 2019 年的第 3 位。当然美国创新实力整体提升离不开其发达金融市场的大力支持，资本市场准入门槛较低，提供了更好的激励机制和风险分担机制。

表 5.5　美国全球创新指数总得分及世界排名（2011—2019 年）

年份	总得分	排名
2011	56.57	7
2012	57.70	10
2013	60.31	5
2014	60.09	6
2015	60.10	5
2016	61.40	4

年份	总得分	排名
2017	61.40	4
2018	59.81	6
2019	61.73	3

资料来源：2011—2019 年《全球创新指数》（*Global Innovation Index*）。

5.3　日本银行业市场结构影响经济增长的现状

5.3.1　日本银行业市场结构影响经济增长的事实描述

日本作为银行主导型国家的典型代表，其银行业市场结构与中国有很多相似之处，其银行业市场结构变迁历程对中国银行业市场结构改革具有重要的启发意义。

在第二次世界大战后，日本满目疮痍，经济亟待恢复。随后经济增长的赶超离不开金融强有力的支持，20 世纪 50 年代伊始，日本制定"赶超战略"，并依此积极指导银行为企业提供信贷支持。企业获得了充足的资金支持，资本积累迅速增加，生产规模急速扩张，20 世纪 50—70 年代日本经济实现高速腾飞。日本银行业的特点在于其形成的主银行制，该制度允许银行与企业之间相互持股，银行持股企业并派遣人员入驻其董事会或财会部门，主银行可以及时获取企业的经营信息并为企业提供金融支持，因此，主银行制可以有效缓解银企之间的信息不对称并降低交易成本，与此同时有利于长期银企良性互动关系的形成，进而促进日本经济的高速增长。

20 世纪 70 年代中后期，日本经济增速逐渐放缓，企业信贷需求明显降低，使得原本以主银行模式经营的诸多银行利润锐减，同时银企裙带关系的根深蒂固以及政府主导下金融资源配置抑制了贷款质量的提升，进一步恶化了日本银行的经营状况。诸多因素合力致使日本银行业危机丛生，进而导致 20 世纪 90 年代日本金融危机的发生。

20 世纪 90 年代国际金融危机后，日本经济增长疲软，动力不足，金融改革迫在眉睫。鉴于政府主导金融资源配置的诸多弊端逐步暴露，市场化金融资源配置的改革呼之欲出。日本开始金融改革，扭转过去政府主导金融资源的局面，更好地让市场在金融资源配置中发挥主导作用，主银行制日渐式微，但依然发挥一定作用。过去日本政府主导金融资源配置，采取了"抓大放小"的策略，即注重大企业的发展，而忽视了中小企业的发展，随着粗放式增长方式弊端的日益显现，集约化增长转变过程中中小企业的作用日益凸显，日本政府对于中小企业的重视程度显著提高，通过完善信用担保体系支持中小企业的发展。

2008年美国次贷危机发生后，日本经济受到明显冲击，很多中小企业纷纷破产倒闭。表5.6的数据显示，2008年和2009年日本中小企业倒闭数量达到顶峰，分别达到15 646家和15 480家。为应对2008年国际金融危机对中小企业的冲击，日本保证协会为符合条件的中小企业提供信用担保，其担保比例随着金融危机的缓解由100%逐步缩减至80%，信用担保制度的实施有效缓解了中小企业的融资难题，支持了中小企业发展。

表5.6　日本中小企业倒闭情况

年份		2004	2005	2006	2007	2008	2009	2010
倒闭家数	全部企业数（家）	13 679	12 998	13 245	14 091	15 646	15 480	13 321
	资本金1亿日元内	13 192	12 755	13 011	13 826	15 257	15 130	—

资料来源：侯惠英（2012）《危机后日本实施中小企业融资对策的研究》中的内容。

金融危机发生后，安倍政府为了积极应对，实施了扩张性的货币政策，货币发行量骤增，货币供应量（M2）从2008年的741.73万亿日元增加到1 041.62万亿日元。量化宽松货币政策的实施在一定程度上降低了日本出口企业的成本，但明显提高了很多中小企业的进口成本，进口成本的上升压缩了中下企业的利润空间，最终导致很多中小企业破产倒闭，2014年制造业、批发业和零售业的破产数量分别增长了16.3%、15.6%和18.4%。日本老龄化和少子化问题也是导致很多中小企业经营不善的主要原因之一，2015年日本中小企业厅公布的《中小企业经营情况调查》显示，制造业中人员不足的中小企业占比高达20%，同时根据2020年民营信用调查公司东京商工RESEARCH的最新统计，2019年，因"人手不足"负债1 000万日元以上并依法进行破产手续办理的日本企业数量达到426家。据日本总务省推算额数据，2019年9月日本总人口为1.26亿，其中65岁及以上3 588万人，占到人口比例的28.4%，在201个国家和地区中高居榜首。随着2008年国际金融危机后日本中小企业的大量破产倒闭，日本产业集中度会呈上升趋势。

与日本经济结构变迁相适应的是，日本金融机构随之发生变化。表 5.7
展示了日本 2001—2009 年银行业市场结构的变迁历程。CR4 反映了日本银
行业市场集中度并不高且年际变化不大，保持在 40% 左右，相应地，中小
银行市场份额波动也较小，长期保持在 60% 左右。HHI 指数显示日本银行
业市场竞争程度较高。总体来看，随着日本金融改革的深入，银行间合并
数量的不断增多，日本银行业市场集中度会进一步提升，竞争程度也会日
趋激烈。

表 5.7　日本银行业市场结构

年份	2001	2002	2003	2004	2005	2006	2007	2008	2009
CR4	0.409	0.422	0.417	0.404	0.426	0.420	0.420	0.429	0.405
中小银行市场份额（%）	0.591	0.578	0.583	0.596	0.574	0.580	0.580	0.571	0.595
HHI	466	482	472	448	509	493	497	518	469

资料来源：银行业结构课题组（2012）《全球银行业结构与发展》中 278-279 页内容，CR4、
中小银行市场份额和 HHI 都是根据银行贷款数据而计算，中小银行市场份额=1-CR4。

从国际横向比较来看，日本银行业市场集中度也相对较高。2008 年国
际金融危机暴露了诸多金融监管漏洞，过去只注重微观审慎方面的监
管，而缺乏宏观审慎方面的监管，国际金融危机发生后，世界各国从微观
和宏观审慎监管两方面入手加强对银行业金融机构的监管。严监管环境
下，很多竞争力不足的中小银行被淘汰，多国银行数量锐减。

表 5.8 列示了国际金融危机前后世界主要国家银行业市场结构的变动情
况，在发达国家中，日本和德国作为银行主导型的典型代表，其市场集中
度（CR3）呈明显上升的趋势，这是严监管下市场并购的结果；新兴国家代
表——印度和巴西的银行业市场集中度也呈上升的趋势，其主要原因在于
原有银行数量不足；而中国的银行业市场集中度却逆势而行，市场集中度
呈不断下降的趋势，这与以股份制商业银行、城市商业银行和农村商业银
行为代表的中小银行的不断扩张有关。日本银行业市场集中度的提升可能
会产生一些不利影响：一方面，更多的金融资源集中于少数大银行，大银
行"大而不倒"的道德风险迅速提升；另一方面，高集中度的银行业市场
结构无法满足差异化的金融需求，进而抑制日本产业结构向高级化与合理
化方向的转变。

表 5.8 世界主要国家银行业市场结构

年份	日本	德国	中国	印度	巴西
2007	38.27%	72.36%	50.43%	32.93%	45%
2015	45.94%	74.81%	42.41%	34.76%	65.54%

资料来源：边卫红等（2019）《国际金融危机后的"意料之外"》中的内容，银行业市场结构通过最大三家银行资产的市场集中度来衡量。

5.3.2 日本银行业市场结构影响经济增长的作用渠道

日本大企业和中小企业都为第二次世界大战后日本经济的腾飞作出了巨大贡献，当然这离不开现代金融的大力支持，作为银行主导型国家，差异化的银行业市场结构为经济增长作出的贡献不容忽视。根据相关数据显示，自20世纪60年代以来，日本中小企业在国民经济中的贡献长期保持在50%以上，吸纳就业作用也十分显著，吸纳的劳动力占比超过60%，因此，日本被誉为"中小企业之国"。当然，日本中小企业同样面临着融资难、融资贵的问题。为了解决这一难题，日本构建了相对完整的金融体系，该体系主要由民间银行、政策性金融机构和信用担保机构组成。相对完善的金融体系为缓解日本中小企业融资难题助力颇多，一方面，专门服务于中小企业的银行业金融机构成立；另一方面，随着担保制度和担保机构的完善，实现了金融风险分担，提高了金融机构服务中小企业的积极性，这直接缓解了中小企业的融资难题，也加速了储蓄向投资的转化，资本积累的规模不断提升，同时也有效提升了中小企业的创新能力。表5.9显示，日本全球创新指数排名从2011年的第20位提升至2019年的第15位。诚然，这得益于日本中小企业创新过程中融资约束的极大缓解，同时也离不开日本创新主体——大企业的巨大贡献。

表 5.9 日本全球创新指数总得分及世界排名 （2011—2019 年）

年份	总得分	排名
2011	50.32	20
2012	51.70	25
2013	52.23	22
2014	52.41	21
2015	53.97	19
2016	54.52	16

年份	总得分	排名
2017	54.72	14
2018	54.95	13
2019	54.68	15

资料来源：2011—2019 年《全球创新指数》（*Global Innovation Index*）。

20 世纪 70 年代是日本大企业融资渠道变化的分水岭。在此之前，大企业融资主要依赖银行贷款，形成了典型的主银行发展模式。之后，国际经济环境变化较大，叠加日本金融监管政策的转向，大企业的融资渠道更加多元化，既可以通过银行贷款进行融资，也可以通过股票和债券发行的方式直接融资。

5.4　美国和日本银行业市场对经济增长影响的启示

5.4.1　银行业市场结构的调整不能脱离本国的要素禀赋

金融结构内生于经济结构，与经济结构相匹配的金融结构能够助推经济快速增长。银行业市场结构作为银行业内部结构的重要表现形式之一，在银行业市场结构的调整过程中必须与本国（地区）的要素禀赋相一致。美国和日本均已进入老龄化社会，因此，劳动力要素并不丰裕，甚至成为制约经济增长的主要因素之一，而两国历经三次产业革命的洗礼，经济快速发展，并积累了充足的资本要素。美国和日本劳动力禀赋相对短缺和资本要素相对丰裕的特点，决定了两国的产业结构以资本密集型和技术密集型为主。进入 21 世纪之后，两国的经济活力并不高涨，典型表现之一就是新成立公司与存量公司的比例不断下降，新旧公司之间的轮换效应不断衰减，尤其在 2008 年国际金融危机之后，很多中小企业难以抵御风险，纷纷破产倒闭，部分中小企业被大企业收购，两国的产业集中度呈上升的趋势。随着美国、日本两国经济结构的变动，两国银行业市场结构呈不断集中的趋势，中小银行市场份额相应不断降低，基本实现了银企"门当户对"。

反观中国的银行业市场结构，中小银行市场份额呈递增的趋势，这与中国"三驾马车"转变、劳动力要素相对丰裕密不可分，中小银行市场份额的提升能够有效满足中国中小企业的融资需求，促进经济增长。由此可知，银行业市场的"分散"与"集中"并非市场结构的合理评价标准，银行业作为竞争型的服务业，其市场结构调整必须与当地要素禀赋、发展阶段和经济增长驱动因素相一致。

5.4.2 银行业市场结构的调整离不开健全法律体系的支持

2008 年国际金融危机暴露出美国中小银行经营过程中的诸多不足之处，为了加强金融监管，美国《多德—弗兰克法案》颁布实施，该法案对中小银行的冲击最大，其监管成本的增加抑制了对中小企业信贷投放，不利于中小企业的发展和美国经济增长。美国意识到金融严监管的诸多弊端后，开始对其松绑，2018 年 *Economic Growth, Regulatory Relief, and Consumer Protection Act* 正式签署，此法案执行差异化的监管政策，对于降低中小银行的监管、提高中小银行信贷投放具有重要影响。因此综合来看，金融监管政策的制定和实施一定要权衡利弊，尽管金融监管的初衷都是为维护金融系统的稳健运行，但是其监管政策的执行势必带来诸多监管成本，影响实体经济的平稳运行。2017 年以来，中国实行了严监管的金融政策，在此背景下很多银行缩减信贷投放，中小企业的抽贷、断贷现象十分普遍，致使本来经营不善的中小企业失去资金支持而纷纷破产倒闭，加剧了金融市场的不稳定，明显背离了金融监管的初衷，在当前经济下行压力加大的背景下，中国是否也需要金融监管松绑，如何松绑才能实现金融稳定和促进经济增长的双重目标，这个问题值得我们深思。

5.5　本章小结

本书针对中国银行业发展现状和经济增长现状，第 2 章提出了银企规模"门当户对"促进中国经济增长的理论假说，第 3 章的现状分析和第 4 章的经验分析验证了这一假说。本章选取美国和日本进行国际比较分析，美国和日本银行业市场结构对经济增长的影响也基本符合银企"门当户对"的理论假说，但是日本和美国银行业市场结构对经济增长的影响与中国存在明显的差异，一方面，中国与美国、日本的要素禀赋存在显著差异，中国劳动力相对丰裕、资本相对短缺，而美国和日本则恰恰相反，两国劳动力相对短缺，资本和技术优势明显；另一方面，三国金融市场发展程度差异明显，美国和日本的金融市场非常发达，企业融资渠道更加多元化，而中国资本市场发展滞后，只有各行业中资产规模较大的龙头企业才有可能进入资本市场融资，银行仍然是中小企业重要的外部资金来源之一。因此，中国在银行业改革和银行业市场结构调整过程中绝不能完全照搬照抄别国经验，必须与中国具体实际相结合，立足于服务中国实体经济的发展。一方面，银行业市场结构的调整需符合本国要素禀赋条件；另一方面，银行业市场结构的调整离不开健全法律体系的支持。

第6章 优化中国银行业市场结构助力经济增长的政策建议

改革开放以来，我国经济增长取得了巨大成就，同时也出现了一些矛盾和问题。现阶段金融业发展迅速，但经济增长速度持续放缓，存在金融业超发展的现象。与此同时，金融业对于实体经济向高质量发展转型、满足实体经济有效的融资需求方面供给不足，金融供给侧问题严重，改革迫在眉睫。在当前中国银行业依旧主导金融市场的前提下，银行业市场的供给侧改革，即银行业市场结构改革势在必行。中国银行业市场结构存在的问题是在中国改革开放进程中产生的，因此，银行业市场结构的改革还必须在深化改革开放中方能破解，以便中国更好地应对当前国际形势的不确定性，实现中国经济的行稳致远。

实体经济与金融业发展是休戚与共的关系，实体经济的增长离不开金融业的支持，金融业的发展同样离不开实体经济的健康、可持续发展。处于"三期叠加"的中国，要想继续保持经济行稳致远、破解当前发展难题，还必须从银行业市场结构入手，优化银行业市场结构对经济增长的支持作用，同时提高银行业市场结构与经济增长的协同性。

6.1 优化银行业市场结构对经济增长的支持作用

6.1.1 鼓励各类银行加大对中小企业的金融支持力度

前文分析发现，由大银行和中小银行金融供给能力和金融供给意愿的差异决定为中小企业提供"门当户对"金融服务的金融机构主要是中小银行，当然这种"门当户对"是相对的，即当前重点发展中小银行支持中小企业融资的同时，也要鼓励和支持大银行转变经营理念和下沉金融服务对象，不断降低所有制歧视和规模歧视，加大对中小企业的金融支持力度。

一方面，继续推进金融业的改革开放，按照"竞争中性"原则给予国内与国外银行业机构、国有与非国有银行业机构的市场准入，大力发展社区银行和民营银行等中小银行，构建多层次、广覆盖、有差异的银行体系，提高金融供给的可得性，满足企业、居民日益丰富的融资需求。继续深化金融开放，全方位引入包括银行业在内的各类型金融机构，有利于在金融市场中发挥鲇鱼效应，倒逼银行业金融机构在更加激烈的竞争中不断提升金融服务质量、风险管理能力和公司治理能力，使得银行业金融机构更好地成为我国经济行稳致远的助推器。

另一方面，继续发挥大型国有商业银行在服务中小、民营企业等经济社会发展中重点领域和薄弱环节的"头雁"作用。大银行服务中小企业意愿不高的症结主要在于大银行在搜集中小企业"软信息"方面并不占优、组织结构垂直化不利于信息在大银行内部传递和大银行激励相容体制不完善，因此，应该对症施策，不断提高大银行服务中小企业的金融意愿，让中国金融业的发展红利惠及更多中小企业。一是金融科技的快速发展为银行业全面赋能，对于大银行来说，可以充分借力金融科技实现客户精准定位和信贷的有效审批，逐步扭转在"软信息"搜集方面的相对劣势。二是裁撤大银行冗余的组织结构，推动大银行组织结构扁平化发展，加快各种信息在大银行内部的传输效率。三是进一步完善大银行激励相容体制，赋予基层分支机构更多信贷决策权。

6.1.2　发展中小银行与防控中小银行风险并重

发展中小银行是破解中小企业融资难、融资贵的关键环节之一。在发展中小银行的同时，需要多维度防控中小银行风险，坚决守住不发生系统性金融风险底线。

1. 支持商业银行资本补充，进一步提高中小银行风险抵御能力和信贷投放能力

大型银行的资本扩充渠道丰富多样，既可以通过发行股票进行资本补充，也可以发行债券进行资本补充。但中小银行的资本补充渠道相对有限，因此，监管当局必须出台相关政策拓宽中小银行资本补充渠道，以进一步提高中小银行的信贷投放能力。财政政策和金融政策相互配合提高中小银行对中小企业的金融支持，比如，通过地方政府发行专项债进一步拓宽中小银行资本补充渠道，不断提升中小银行实现银企"门当户对"的能力。当然，在地方政府发行专项债补充资本的过程中，一定要注意防止地方政府过度干预中小银行的金融资源配置，因此，制定相关制度和严格执

行非常关键。

2. 不断完善中小银行公司治理机制，有效提高中小银行风险防控能力

完善公司治理对于金融企业改革至关重要，尤其对于中小银行风险管理能力和金融供给能力的提升大有裨益。与大银行相比，中小银行公司治理还有很大的提升空间，比如，包商银行被民营控股股东"掏空"，进而引发信用风险和流动性风险，此事件作为中小银行公司治理欠缺的典型案例为中小银行的发展敲响了警钟。为了更好地促进中小银行长期、可持续发展，完善其公司治理迫在眉睫。

一方面，继续完善"三会一层"为核心的组织架构。董事会、监事会、股东大会和高级管理层为核心的公司组织架构需要各司其职和有效制衡，即规范董事会遴选和履职评价体系，确保董事会充分发挥战略决策中的核心作用；不断优化监事会内部结构，确保监事会能够有法必依和监督职责的独立行使；高管层开展经营活动切不可超出公司章程以及董事会的授权范围。

另一方面，规范中小银行股权关系，有效防止内部人控制和外部人控制。大股东侵犯小股东利益、对大股东的行为缺乏长期有效监督和制约导致包商银行被"掏空"事件的发生，包商银行破产重组事件也为中小银行公司治理敲响了警钟，因此规范股东行为刻不容缓。穿透式公司治理监管必不可少，监管部门要穿透审查股东结构和嵌套关系，明确中小银行的实际控股人和关联交易人，防止关联交易和中小股东利益受到侵犯，促进中小银行长期可持续发展。

3. 疏通货币政策传导渠道，有效降低中小银行融资成本

首先，优化中央银行货币政策投放的方式。2014 年之前中国人民银行的货币投放基本以外汇占款发放为主，2014 年之后外汇占款出现趋势性减少，中国人民银行的货币投放逐渐改变为以公开市场业务为主，即通过中期借贷便利（MLF）为主进行基础货币的投放，大银行拥有信贷便利的合格抵押品，而中小银行并不拥有其合格抵押品，因此形成了大银行与中小银行流动性分层的现象，中小银行获得资金成本并不占优，因此需要优化中央银行货币政策的投放渠道，不断扩大中期借贷便利担保品的范围。

其次，差别准备金制度进一步完善。中国人民银行要根据银行业经营实际落实差别准备金理念，有针对性地实施定向降准政策，有效降低中小银行的经营成本。

此外，由传统的先宽货币再宽信用向先宽信用再宽货币转变。由于流动性分层的影响使得传统先宽信用再宽货币渠道并不畅通，总量型货币政策效果日渐式微，结构性货币政策势在必行。中国人民银行出台相关规定，鼓励地方法人银行为中小企业放款，然后央行直接从地方法人银行购买中小企业信用贷款，这样有利于信贷资金直达受融资约束最严重的中小企业，先宽信用后宽货币的政策效果会逐渐凸显。

6.1.3　实施区域差异化的银行业市场结构调整策略

银行业市场的集中与分散并非银行业市场结构合理与否的最佳评价标准，银行业市场结构的调整必须与当地要素禀赋特点、发展阶段相适应。以美国和日本为例，银行业市场的集中与分散并非评价其市场结构合理与否的标准，虽然两个国家银行业市场集中度呈上升趋势，但它们的银行业市场结构更适合本国的经济增长，两国皆为世界经济强国。就全国而言，中小银行市场份额的提升能够促进经济增长，但是中小银行市场份额在东部发达地区产生的经济增长效应更大。因此，对于东部发达地区的银行业市场结构调整政策与中西部经济欠发达地区的银行业市场结构调整政策应该有所差异。东部地区经济活跃度较高、经济成分多样化程度较高，而且金融活跃程度较高，可以有针对性增加各种有特色的中小银行分支机构，以差异化的金融产品满足其多样化的金融需求。中西部地区自然资源丰富，产业结构以资源型产业为主，而资源型产业又以大型国有企业居多，这就造成当地优质企业有限，而且中西部地区金融活跃程度较低，中小银行争相抢大户现象时有发生，造成该地区中小银行风险集聚程度较高。因此，通过兼并或重组的方式有效整合中西部地区中小银行是理想的途径，这样可以有效规避区域内地方性中小银行通过恶性竞争来"垒大户"现象的发生，即通过地方性中小银行合并，以促进当地金融资源的优化配置。

6.1.4　实施动态化的银行业市场结构调整策略

银行业市场结构调整并不是静态的，而应该是动态调整的。从全国层面来看，改革开放初期，中国经济成分相对单一，国有大企业占绝对主导地位，因此，与之金融需求相匹配的银行业市场结构是四大专业银行主导的银行业市场结构。但是随着社会主义市场经济改革的不断探索和发展，民营经济扮演了重要角色，尤其是民营经济中的中小企业在国民经济中的作用日益凸显，因此，以股份制商业银行、城市商业银行和农村商业银行等为代表的中小银行迅速崛起以满足中小企业差异化的金融需求。综上可知，银行业市场结构的调整并非是一成不变的，而是随着经济结构的变化而动态调整。

6.1.5 银行业市场结构调整必须注重资本积累与创新发展的影响渠道

银行业市场结构既直接影响中国经济增长，又间接通过资本积累渠道和创新渠道影响经济增长，因此银行业市场结构调整过程中要兼顾资本积累与创新发展。资本积累和创新发展是助力中国经济增长的两条重要渠道。在经济发展水平较低的地区，资本积累是掣肘经济增长的重要因素和影响渠道，而对于经济发展水平较高的地区，创新发展才是助力其经济增长的关键。因此，对于经济欠发达的中西部地区而言，银行业市场结构调整要更加注重其资本积累渠道，而对于经济发展水平较高的东部地区而言，银行业市场结构调整要更加注重其创新发展渠道。

6.2 完善银行业市场结构调整中的制度保障

6.2.1 完善银行业准入、准出方面的法律体系

法律体系的完善程度决定了金融服务的质量，银行业市场行业规则、行为准则和准入准则等都需要成文法律的明确规范。中国虽已颁布了反垄断法，但缺乏针对银行业的反垄断法律。2007 年颁布，2008 年 8 月 1 日正式实施的《中华人民共和国反垄断法》，旨在预防和防止垄断行为，维护公平竞争的市场环境，借以提高市场运行效率并保护消费者利益免受侵害和损失。《中华人民共和国反垄断法》在第一章第七条中明确规定"国有经济占控制地位的关系国民经济命脉和国家安全的行业以及依法实行专营专卖的行业，国家对其经营者的合法经营活动予以保护，并对经营者的经营行为及其商品和服务的价格依法实施监管和调控，维护消费者利益，促进技术进步"。该法律主要针对普通的行业，银行业作为特殊的行业，密切联系着国民经济的各个环节，长期以来国有银行对中国金融体系的垄断虽然促

进了经济增长，但也造成了国民福利的损失。为了防止历史重蹈覆辙，必须尽快出台专门针对银行业的法律法规，明确银行业市场垄断的标准及相应的应对措施。

同时需要尽快完善中国银行业市场准入方面的法律法规。为进一步贯彻我国扩大对外开放战略部署，国务院金融稳定发展委员会于 2019 年 7 月 20 日公布了"关于进一步扩大金融业对外开放的有关举措"，共 11 条措施，加快了中国金融业改革开放的进程。这是进一步深化包括银行业在内中国金融业改革的第一步，上述改革的具体措施还亟须以法律的形式尽快落实。法律的不可违抗性为国外投资者和国内投资者投资设立商业银行提供了坚实的法律保障，这样才能更好地鼓励国内外银行业金融机构在中国境内开设更多分支机构，有利于中国差异化银行体系的形成，更好地满足实体经济多样化的金融需求。

商业银行在经营过程中应坚持安全性、盈利性和流动性原则的统一。作为理性的经济人，国内商业银行在服务经济社会发展中的重点领域和薄弱环节中仍存在诸多不足，如商业银行服务中小民营企业意愿不强，究其根本在于中小民营企业经营中创新性不足、轻资产的特殊性，长期缺乏能够抵押和质押的资产，不能满足银行放款的要求，这种现象在一定程度上也反映了国内商业银行风险管理能力的不足，很大程度上依靠抵押、质押资产来选择是否放款。同时抵押、质押资产的价值具有明显的顺周期性，当经济、金融环境受到严重负向冲击时，抵押、质押资产的价值也将一落千丈，银行的贷款质量随之发生恶化，既加重了银行业金融机构的损失，又严重破坏了金融生态环境，2008 年国际金融危机的发生就是很好的例证。如果中国商业银行不引以为戒，严重依赖于抵押、质押资产的贷款形式很可能重蹈国际金融危机的覆辙，银行业金融风险的发生势必引起多米诺骨牌效应，届时经济的大幅波动将在所难免。

6.2.2　加速企业市场出清以提高金融资源配置效率

深化国有企业改革，破除其预算软约束，加速"僵尸"企业市场出清。减少政府干预，更多地发挥市场机制在处理"僵尸"企业中的作用，充分发挥市场竞争机制，淘汰产能落后企业和"僵尸"企业。完善"僵尸"企业处置的法律法规，使"僵尸"企业的处置有法可依，同时也能防止国有资产的流失。银行业金融机构应该不断加大金融创新力度，开发多种金融创新产品来支持国有企业实现市场出清。关于破除国有企业普遍存在的预算软约束问题，一方面要合理减轻国有企业的政策负担，以便其轻装上阵，不断提升国有企业自生能力；另一方面要减少政府的金融资源干预，充分发挥市场在金融资源配置中的决定作用，激发金融市场主体竞争活力，逐步提升金融资源配置效率，丰富高效企业的融资渠道。

加大对中小企业恶意逃废银行债务的惩处力度，降低其负外部性影响。商业银行通过各类媒体合作，加大对失信企业的宣传力度，以社会舆论和道德的力量约束失信企业。完善《中华人民共和国公司法》和《中华人民共和国企业破产法》等相关法律法规，健全法律体系。银行通过与司法部门、铁路部门、民航部门信息共享，加大对恶意逃废银行债务的失信企业和失信企业主的惩处力度，多措并举追讨相关债务，同时铁路部门和民航部门限制失信企业主出行，让失信企业和失信个人自食恶果、无处藏身。

6.2.3　优化营商环境以降低企业经营中的制度性交易成本

首先，优化政府职能，破除行政管理体制障碍。政府要继续简政放权，简化行政审批程序，不断提升政务服务水平。其次，不断深化商事制度改革，营造公平高效、竞争有序的市场环境。不断推进"放管服"改革，规范和优化企业准入、退出相关程序，充分激发市场主体创新、创业活力，支持企业发展。再次，还要不断完善优化营商环境的法律法规，尤其重视知识产权保护方面法律法规的完善。最后，科学制定中国营商环境的评价指标体系，为政府优化营商环境科学施策提供理论支撑。

第7章　总结与展望

中国经济的行稳致远需要金融供给侧结构性改革的持续蓄力。中国正处于"三期叠加"的攻关期，经济下行压力加大，但是中国目前金融业的市场结构、经营理念、创新能力、服务水平还不适应实体经济的发展要求，诸多矛盾和问题仍然突出。银行业金融机构区域分布不均，多分布于经济较发达的城镇地区和东部沿海地区，农村地区和中西部地区分布较少；大中小各类银行"垒大户"现象严重，产品单一且同质化严重；与大银行相比，中小银行数量明显不足、市场占有率有待进一步提升。由此可见，当前的银行业市场结构很难满足实体经济个性化和差异化的融资需求，合理调整银行业市场结构以便更好地适应实体经济发展业已迫在眉睫。基于此，本书系统探究了银行业市场结构影响经济增长的理论机理，并结合中国银行业市场结构影响经济增长的实际，从直接影响渠道以及通过资本积累渠道、创新渠道进而间接影响经济增长这三方面科学评估了银行业市场结构对经济增长的影响效应，得出了以下结论。

7.1　总结

第一，中国经济结构转变和劳动相对充裕、资本相对短缺的资源禀赋特点共同决定了当前中国企业发展的重点是中小企业。大银行和中小银行金融供给能力和供给意愿的差异决定了两类银行分别在服务大企业和中小企业时各具比较优势，即大银行主要支持大企业，中小银行主要支持中小企业。大企业和中小企业既有供应链的关系，也有产业链的关系，大企业一般处于供应链和产业链的上游，而中小企业一般处于供应链和产业链的中下游，虽然两类企业的分工不同，但两类企业并不是对立的，而是有内在联系的，两类企业的协调发展能够释放更多的经济增长潜能。鉴于中小企业在国民经济中的作用日益突出，但掣肘其发展的融资难题长期无法得到有效缓解，提高中小银行市场份额是缓解中小企业融资难题、促进中国经济行稳致远和助力全球产业链、供应链重构的有效途径之一。

第二，银行业市场结构既直接影响经济增长，也通过资本积累和创新渠道间接影响经济增长。资本积累是促进经济增长的核心要素之一，银行业市场结构的调整一方面能够促进社会闲散资金的聚集，丰富资本积累的物质来源。另一方面可以加大对中小企业的金融支持，加速储蓄向投资的转化，实现经济增长。中小银行市场份额提升通过缓解银企信息不对称、提高中小企业融资可得性以及熨平经济波动的冲击三方面支持中小企业创新，进而促进经济增长。

第三，中国银行业市场结构影响经济增长存在显著的区域差异。东部地区经济增长明显快于中西部地区，且东部地区银行业市场结构与经济增长的匹配程度明显更高。银行业市场结构对中国经济增长影响过程中，因营商环境、资源禀赋、经济发展阶段和地理区位等诸要素的不同而产生差异化的影响效果。

第四，综合运用 OLS、固定面板、系统 GMM 和工具变量等多种计量方法对银行业市场结构影响中国经济增长的机理和作用渠道进行实证验证。研究发现，一是中小银行市场份额的提升和银行业市场竞争程度的增强对经济增长存在显著的正向影响，说明银行业市场结构调整提升均能有效促进经济增长，且经济增长存在明显的惯性，上一期经济增长显著促进当前经济增长。二是经济增长较高阶段和东部地区的银行业市场结构调整对经济增长的影响更大。三是国际金融危机后，银行业市场结构调整可以更多地释放改革红利来有效缓解中小企业融资约束并支持其创新，更好地实现中国经济软着陆。四是中小银行业市场份额的提升能够加速资本积累并支持企业创新，实现中国经济增长，该结论在考虑内生性问题和经过稳健性检验后仍然显著。

第五，不同国家由于法律、制度和要素禀赋等差异显著，银行业市场结构对经济增长的影响不尽相同。美国和日本市场化程度较高，企业进入和退出市场的壁垒较少；两国的老龄化问题突出，日本老龄化和少子化问题尤其突出，决定了两国的产业结构以资本和技术密集型为主；2008 年国际金融危机后，两国中小企业中部分破产倒闭，部分被大企业兼并和收购，导致两国的产业集中度提升，与美、日两国金融需求相匹配的银行业市场结构呈不断集中的趋势。美、日两国银行业市场结构的调整较好地满足了两国实体经济需求，在一定程度上实现了银企"门当户对"，有效支持了两国经济增长。

7.2　展望

本书虽然探讨了银行业影响经济增长的直接渠道和通过资本积累、创新影响经济增长的间接渠道，并通过中国的数据进行了经验验证。但本书的研究仍存在一定的局限性，这也为以后的进一步研究留下探索的空间。

第一，随着金融科技和"互联网+"的快速发展，势必会对当前中国的银行业市场结构形成巨大冲击，这种冲击体现在哪些方面，金融科技和"互联网+"对中国银行业市场结构影响经济增长的三种传导渠道有什么影响，以何种方式影响的，这些都值得我们进一步探究。

第二，探索中国最优银行业市场结构的数量标准，为中国银行业市场结构改革提供有益借鉴。本书虽然系统梳理了中国银行业市场结构影响经济增长的机理与作用渠道，认为最优的中国银行业市场结构是银企"门当户对"，但匹配度是否有合理的数量标准，能够有效度量，可以作为未来的研究方向进行深入的讨论。

第三，如果存在最优银行业市场结构的数量标准，那么中国当前银行业市场结构是否偏离了最优结构，哪些因素导致其发生偏离，如何调整才能达到最优银行业市场结构。面对当前"三期叠加"的经济形势，应该科学评估银行业市场结构的合理程度，并探究实现最优银行业市场结构的现实路径，以期最大限度地释放中国经济增长潜能，实现经济行稳致远的目标。

参考文献

［1］林毅夫，孙希芳．银行业结构与经济增长［J］．经济研究，2008（9）：31-45.

［2］张璇，李子健，李春涛．银行业市场竞争、融资约束与企业创新——中国工业企业的经验证据［J］．金融研究，2019（10）：98-116.

［3］蔡卫星．银行业市场结构对企业生产率的影响——来自工业企业的经验证据［J］．金融研究，2019（4）：39-56.

［4］林毅夫，姜烨．经济结构、银行业结构与经济发展——基于分省面板数据的实证分析［J］．金融研究，2006（1）：7-22.

［5］张一林，林毅夫，龚强．企业规模、银行规模与最优银行业结构［J］．管理世界，2019（3）：31-47.

［6］吴非，张健．大型金融机构天生不适合为小企业融资吗？——基于博弈模型的演绎［J］．经济与管理，2017（5）：39-43.

［7］董晓林，程超，吕沙．不同规模银行对小微企业贷款技术的选择存在差异吗？——来自江苏省县域的证据［J］．中国农村经济，2015（10）：55-68.

［8］张雪兰，龚元．银行业市场结构与产业增长：基于资源再配置与技术进步效应的探析［J］．财贸经济，2017（10）：99-114.

［9］田国强，赵旭霞．金融体系效率与地方政府债务的联动影响——民企融资难融资贵的一个双重分析视角［J］．经济研究，2019（8）：4-20.

［10］金炳椽，王瑾，许成钢．私有企业的发展是改革和发展的关键：来自主要转轨经济的企业层面证据［J］．经济学报，2014（3）：57-83.

［11］中央汇金公司银行一部课题组，李巨才，张向东，等．供给侧结构性改革对银行资产质量的影响测算与政策建议［J］．金融论坛，2017（8）：5-13，25.

[12] 徐飞．银行信贷与企业创新环境［J］．中国工业经济，2019（1）：119-136．

[13] 曼昆．经济学原理［M］．北京：北京大学出版社，2011：190-199．

[14] 齐美东．中国银行业市场结构研究［M］．北京：经济科学出版社，2008：3-5．

[15] 王颖捷．金融产业组织的市场结构［M］．北京：机械工业出版社，2004：171-174．

[16] 何韧．银行业市场结构、效率和绩效的相关性研究——基于上海地区银行业的考察［J］．财经研究，2005，31（12）：29-40．

[17] 杨大光．中国银行业反垄断问题研究［M］．北京：经济科学出版社，2004：75-77．

[18] 彭欢，雷震．中国银行业改革及其市场结构研究［M］．北京：经济科学出版社，2011：3-5．

[19] 安世友．我国银行业市场结构演变的影响因素分析［J］．湘潭大学学报（哲学社会科学版），2015，39（2）：57-61．

[20] 孙妍．中国劳动力市场结构解析［M］．北京：中国劳动社会保障出版社，2011：15-19．

[21] 马建堂．结构与行为：中国产业组织研究［M］．北京：中国人民大学出版社，1993：37-73．

[22] 刘伟，黄桂田．银行业的集中、竞争与绩效［J］．经济研究，2003（11）：14-21．

[23] 陈雄兵．银行业集中、竞争与稳定的研究述评［J］．国际金融研究，2011（5）：47-56．

[24] 张娜．货币政策银行信贷渠道传导效应分析——基于银行微观竞争水平的视角［J］．国际金融研究，2019（2）：54-65．

[25] 丁友刚，严艳．中国商业银行贷款拨备的周期效应［J］．经济研究，2019（7）：142-157．

[26] 于良春．转轨经济中的反行政性垄断与促进竞争政策研究［M］．北京：经济科学出版社，2011：47-49．

［27］林毅夫，孙希芳，姜烨．经济发展中的最优金融结构理论初探[J].经济研究，2009（8）：45-49.

［28］张成思，刘贯春．经济增长进程中金融结构的边际效应演化分析[J].经济研究，2015，50（12）：84-99.

［29］叶德珠，曾繁清．金融结构适宜性与经济增长[J].经济学家，2018（4）：63-72.

后 记

　　本书是我博士学位论文的研究成果。斗转星移，寒来暑往，三载的耕耘历练和追求探索，伴随着博士学位论文的即将出版，紧张而又充实的博士求学之路终于画上圆满的句号。回顾三年多的学习生活可谓五味杂陈。看着书桌上一摞摞书籍和文献资料，无数个熬夜奋战的夜晚历历在目，这个过程是艰辛而充实的，也是我人生中的一段重要历程。

　　本书是在我的导师王书华教授的悉心指导下完成的，同样离不开山西财经大学理论经济学和应用经济学丰厚沃土的滋养。

　　首先由衷地感谢我的导师王书华教授。硕士三年、博士三年半，王老师像兄长一样关心我的学习和生活，使我受益匪浅。王教授为人谦和，一直秉承治学严谨、实事求是的科研作风，潜移默化地影响着我、激励着我。王教授常教导我，先学会做人，再做学问，做人一定要踏踏实实，做学问一定要认真细心。从本书的选题、写作一直到最终定稿，王教授都倾注了大量的心血。无论多忙，每次进行修改，王教授都第一时间给我反馈。王教授的指导总能高屋建瓴，使我受益良多，既拓宽了我的知识面，也理顺了我的研究思路。恩师的治学精神和高尚的师德，将成为我一生的典范和榜样。

　　在本书的撰写过程中，还得到了许多师长和同门的关爱。中国社会科学院何德旭教授，湖南大学彭建刚教授，太原理工大学牛冲槐教授，山西大学刘建生教授，山西财经大学焦斌龙教授、李静萍教授和杨有振教授，为本书的完善提供了很多宝贵的建议。秦强、马斌、崔泽园、毛成刚、胡彦鑫、胡中立、亢一鸣、陈平、李劲娴和姚璐等同门给予了无私帮助和支持，致以真诚的谢意！和你们共处的时光是短暂而充实的，愿友谊之树常青！

　　最后，特别感谢家人对我学业的一路支持和鼓励，正是有了你们默默无闻的支持与付出，让我的成长之路充满温暖与欢欣。感谢中国金融出版社吕楠编辑，正是她的付出，本书才得以顺利出版。

　　中国式现代化离不开金融供给侧结构性改革的持续助力。由于研究水平和时间有限，本书难免存在不足之处，望读者批评指正。

范瑞

2022 年 **12** 月